"十四五"职业教育国家规划教材

汽车售后服务实务

孙小东　丁扬志　主　编
高腾玲　董志会　杨秀丽　副主编

图书资源总码

北京理工大学出版社
BEIJING INSTITUTE OF TECHNOLOGY PRESS

版权专有　侵权必究

图书在版编目（CIP）数据

汽车售后服务实务 / 孙小东, 丁扬志主编. —— 北京：北京理工大学出版社，2021.4（2024.12 重印）

ISBN 978-7-5682-9687-8

Ⅰ．①汽… Ⅱ．①孙… ②丁… Ⅲ．①汽车 – 售后服务 – 教材 Ⅳ．①F407.471.5

中国版本图书馆CIP数据核字（2021）第058966号

责任编辑： 孟祥雪　　　　**文案编辑：** 孟祥雪
责任校对： 周瑞红　　　　**责任印制：** 李志强

出版发行 ／ 北京理工大学出版社有限责任公司
社　　址 ／ 北京市丰台区四合庄路 6 号
邮　　编 ／ 100070
电　　话 ／（010）68914026（教材售后服务热线）
　　　　　（010）68944437（课件资源服务热线）
网　　址 ／ http://www.bitpress.com.cn

版 印 次 ／ 2024 年 12 月第 1 版第 5 次印刷
印　　刷 ／ 唐山富达印务有限公司
开　　本 ／ 787 mm × 1092 mm　1 / 16
印　　张 ／ 14
字　　数 ／ 326 千字
定　　价 ／ 42.00 元

图书出现印装质量问题，请拨打售后服务热线，负责调换

前 言

党的二十大报告指出,我们要"建设现代化产业体系",为此,要"构建优质高效的服务业新体系,推动现代服务业同先进制造业、现代农业深度融合"。伴随我国汽车产业的快速发展和居民消费水平的不断增长,我国已成为世界汽车生产和消费的大国。家用汽车成为当今社会汽车消费的主流,汽车服务行业也面临着巨大的市场机遇和挑战。汽车售后服务中,服务顾问是汽车服务企业核心工作岗位,代表着服务企业的形象,服务顾问的服务态度和服务质量将直接影响客户对企业的满意度和忠诚度。

本书结合我国当前汽车4S店售后服务的实际情况和最新职业教育理念,基于当前社会经济对服务顾问人才的需要,根据服务顾问的工作特点,将全书设计为汽车4S店保养车辆服务、故障车辆服务、质保汽车的索赔服务、事故车辆的保险协赔服务、客户关系管理五个服务核心内容。本书模拟4S店服务顾问的工作场景,把各个内容知识点变更为工作中出现的任务,将单纯的知识点学习转变为对任务工单式学习和探索。同时,本书配有服务顾问不同工作场景的视频,这也是本书的一大亮点和特色。

本书的编者来自高等职业教育第一线,项目从教师教学实践展开。每个项目又分为不同的子任务,教师可以根据教学实际,确定每个训练任务的时间。本书由孙小东、丁扬志主编,高腾玲、董志会、安宇航、张文霞、左瑞良、杨秀丽、宋微也参与了编写,其中项目一由高腾玲、董志会编写,项目二由丁扬志编写,项目三由孙小东编写,项目四由丁扬志、左瑞良编写,项目五由安宇航、杨秀丽编写,项目六由张文霞、宋微编写,全书由孙小东、丁扬志进行统稿。本书注重挖掘技能要点和方向,从而利于教师教学重心的把握。

本书适合于高等职业院校、中职院校、汽车服务类企业等作为教材使用,也供一线服务顾问和对汽车服务感兴趣的读者阅读参考。本书在编写过程中,得到众多汽车行业同人的文献和资料(一汽大众、一汽丰田、上汽大众)的支持,在此表示由表的感谢。

在编写理实一体化教材过程中,由于水平有限,书中难免存在许多不足之处,恳请广大读者批评指正。

编 者

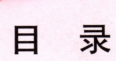

目 录

项目一 汽车售后服务概述 1

    任务一 汽车售后服务的意义 2
        一、售后服务的基本概念 2
        二、售后服务发展现状及未来前景 4
    任务二 汽车售后服务企业岗位分析 8
        一、售后服务组织结构 8
        二、售后服务岗位描述 9
    任务三 汽车售后服务的礼仪规范 19
        一、礼仪在服务中的重要作用 19
        二、个人仪容仪表 19
        三、饰品佩戴礼仪 23
        四、仪态礼仪 23

项目二 保养车辆的服务流程 35

    任务一 车辆定期保养的目的和意义 36
        一、车辆定期保养的目的 36
        二、车辆定期保养的周期 36
        三、车辆定期保养项目 37
    任务二 车辆定期维护的服务流程 39
        一、预约管理 39
        二、客户接待 49

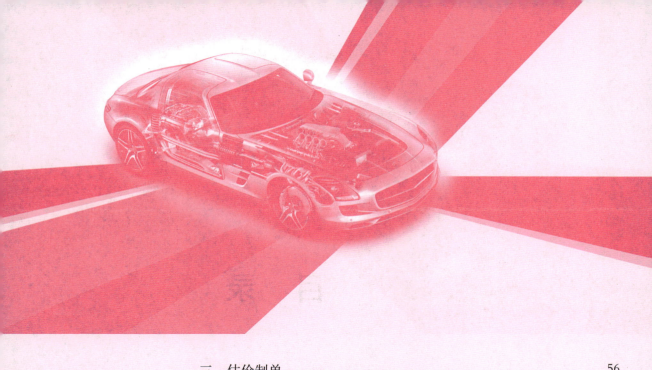

　　三、估价制单 56
　　四、客户关怀 62
　　五、质量控制 66
　　六、交车服务 74
　　七、跟踪回访 79
　任务三　车辆保养的常识 82
　　一、汽车外观的维护与保养 82
　　二、轮胎的基本常识及保养 83
　　三、润滑油的基本常识及保养 85

项目三　维修车辆的接待服务 91

　任务一　维修车辆的接待服务核心流程 92
　　一、维修车辆的接待服务流程 92
　　二、问诊及故障诊断 93
　　三、接车问诊技巧 94
　　四、汽车常见故障及应答维修技巧 95
　任务二　维修服务质量管理 100
　　一、汽车维修质量与汽车维修质量检验 100
　　二、提高汽车维修质量管理 104
　　三、售后维修车辆返修管理制度及流程 108
　任务三　维修增项的处理 110
　　一、什么是维修增项 110

  二、维修增项的处理流程 ·· 110
  三、维修增项注意事项 ·· 113
  四、维修增项应对话术 ·· 113
  五、交通运输部《机动车维修管理规定》························· 113

项目四 质保车辆的维修服务 ·· 127

 任务一 质保车辆的索赔 ·· 128
  一、什么是索赔 ··· 128
  二、质保车辆保修索赔流程 ·· 131
  三、索赔旧件的管理 ··· 134
 任务二 "三包"法 ··· 137
  一、国家汽车"三包"政策内容分析 ································ 137
  二、汽车质保期 ··· 140
 任务三 汽车召回管理 ·· 152
  一、汽车召回的目的 ··· 152
  二、汽车召回常见的缺陷形式 ·· 152
  三、汽车召回和"三包"的区别 ·· 153
  四、汽车召回的作业流程 ·· 154
  五、汽车召回制度解读 ·· 155
  附则 ·· 157

项目五　事故车辆维修服务 ……………………………………………… 165

任务一　汽车保险概述 ……………………………………………… 166
一、汽车保险的基本知识 …………………………………… 166
二、汽车保险原则 …………………………………………… 167
三、汽车保险险种分析 ……………………………………… 171
四、汽车投保应注意的问题 ………………………………… 175

任务二　事故车辆服务流程 ………………………………………… 176
一、车辆保险理赔程序 ……………………………………… 176
二、事故车辆服务流程 ……………………………………… 182

项目六　客户满意与客户关系管理 …………………………………… 189

任务一　客户满意度管理 …………………………………………… 190
一、客户满意与客户满意度 ………………………………… 190
二、客户满意度管理 ………………………………………… 195

任务二　客户投诉及服务补救 ……………………………………… 200
一、客户投诉及服务补救的概述 …………………………… 200
二、客户投诉处理与流程 …………………………………… 206

任务三　售后市场活动 ……………………………………………… 209
一、汽车后市场现状 ………………………………………… 209
二、汽车市场活动策划理念及原则 ………………………… 210

参考文献 …………………………………………………………………… 214

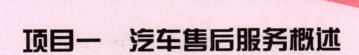

项目一　汽车售后服务概述

 案例导入：

小张毕业后，被招聘到某汽车 4S 店从事维修工作，半年后被售后经理调整从事汽车服务接待工作。企业培训人员对其进行了服务意识、服务理念的培训，使小张对服务有了一定的了解，他想进一步提升自己的服务水平，应该如何学习呢？

汽车售后服务前台环境和服务理念是什么？本章我们来具体学习。

任务一　汽车售后服务的意义

一、售后服务的基本概念

汽车售后服务是指与汽车产品相关的服务的集合，具体从两方面说，广义的汽车售后服务是指汽车商品销售出去后，由制造商、销售商、维修商、供应商以及以汽车为服务对象的各类服务商为客户所拥有的汽车提供的全方位、全过程服务。狭义来说，汽车售后服务主要包括六大部分：技术咨询；维修养护、故障救援；保险理赔；保修；服务质量跟踪、信息反馈；服务质量投诉、纠纷处理。而我们通常所说的汽车售后服务，一般是指汽车在售出之后维修和保养所使用的零配件和服务，包括汽车零配件销售、汽车修理服务和汽车美容养护三大类。

售后服务是汽车流通领域的一个重要环节，是一项非常繁杂的工程，它涵盖了汽车销售以后有关汽车的质量保障、索赔、维修保养服务、汽车零部件供应、维修技术培训、技术咨询及指导、市场信息反馈等与产品和市场有关的一系列内容。作为汽车销售经营的重要组成部分，售后服务不仅是一种经营，更是文化、理念，体现企业对客户的人文关怀与情感，是生产商与客户沟通、联系的一个纽带。生产商可以通过它与客户的关系更加紧密，树立企业的形象，提高产品的信誉，扩大产品的影响，培养客户的忠诚度。它就像一把双刃剑，既可以对产品销售、市场推广、品牌影响及信誉起到有力的支持和促进作用，也可以使产品滞销、品牌信誉下降，甚至可以使品牌的威信扫地。

随着汽车的日益普及，市场竞争已经从售前转移到售后服务竞争，甚至汽车服务业已成为商家赢得市场的关键。而我国的汽车售后服务业与国外相比还处在初级阶段，从法律法规、经济模式到服务理念、品牌创造都存在巨大差异。面对国外企业的强烈竞争，我国的汽车售后服务业必须对国外先进的服务体系进行研究和学习，吸取现有成功案例的经验，不断改进和完善，建立起一套健康、可持续的服务体系，从而使我国的汽车售后服务业在巨大的商机中得以辉煌地发展。因此，对我国汽车售后服务业的发展进行综合分析研究已经刻不容缓。

汽车售后服务分为两种经营方式：一种是汽车销售与服务一体化的方式，以汽车特约销售服务站为主体，集整车销售、维修服务、配件供应、信息反馈为一体的经营方式；另一种是汽车销售与服务相分离的方式，如汽车城的汽车品牌专卖店及其指定的特约维修厂。还有按多种车型相同服务内容划分出来的方便、快捷、专业化的连锁经营模式，如汽车快修连锁店、汽车专项维修店（见图1-1）、汽车换油中心、汽车美容店。汽车特约销售服务站的方式是我国汽车售后服务业的主导经营方式。

图 1-1　专业的维修站

除此之外，还有一种经销商争相发展的经营模式，是只提供整车销售（Sale）和售后服务（Service）的标准店，与传统 4S 店相比，少了零配件（Sparepart）和信息反馈（Survey）的功能，是 4S 店的二级网点，又叫二级经销商。与传统 4S 店相比，其成本低廉，能够很好地辐射三四线城市，主要售后项目为车辆的日常维护保养，对于车辆严重事故修复技术不足。广本 2S 店如图 1-2 所示。

图 1-2　广本 2S 店

汽车 4S 店是由汽车生产企业或其销售公司与经销商签订合同，授权汽车经销商在一定区域内从事指定品牌汽车营销活动的专营店。经销商按照汽车生产企业或销售总公司的要求建立展示厅、统一标识，按照生产企业的管理和服务标准向顾客提供服务，其汽车售后服务顾问的工作内容如下：

1. 整理客户资料，建立客户档案

客户送车进厂维修养护或来公司咨询、商洽有关汽车技术服务，在办完有关手续或商谈完后，业务部应于 2 日内将客户有关情况整理制表并建立档案，装入档案袋。客户有关情况包括客户名称、地址、电话、送修或来访日期，送修车辆的车型、车号、车种、维修养护项目，保养周期、下一次保养期，客户希望得到的服务，在本公司维修、保养记录。

2. 根据客户档案资料，研究客户的需求

业务人员根据客户档案资料，研究客户对汽车维修保养及其相关方面的服务需求，找出下一次服务的内容，如通知客户按期保养、通知客户参与本公司联谊活动、告之本公司优惠活动、通知客户按时进厂维修或免费检测等。

3. 与客户进行电话、信函联系，开展跟踪服务

业务人员通过电话联系，让客户得到以下服务：

（1）询问客户用车情况和对本公司服务有何意见。

（2）询问客户近期有无新的服务需求。

（3）告之相关的汽车运用知识和注意事项。

（4）介绍本公司近期为客户提供的各种服务特别是新的服务内容。

（5）介绍本公司近期为客户安排的各类优惠联谊活动，如免费检测周、优惠服务月、汽车运用新知识晚会等，内容、日期、地址要告之清楚。

（6）咨询服务。

（7）走访客户。

大众品牌 4S 店接待展区如图 1-3 所示。

图 1-3　大众品牌 4S 店接待展区

二、售后服务发展现状及未来前景

（一）中国当前售后服务现状

汽车作为服务的对象，从被生产出来开始就接受各种服务。我国国内的汽车服务相比国外来说还存在很多不足，主要体现在起步晚，基础薄弱，服务理念尚未深入普及，从业人员整体专业素养水平低，技术水准有待提高，相关法律法规不健全等方面。对于汽车行业来说，能否建立具有国际竞争力的汽车售后服务体系，关系到企业的发展。必须从根本上改变经营理念，做到以人为本，坚持顾客至上的服务理念，建立一条完整的汽车售后服

务体系。同时，相关部门也应建立和完善法律法规体系，整合国内资源，从而形成强大的产业群，争取更多的市场份额，实现汽车售后服务业的积极快速发展。目前汽车售后行业投诉问题如图1-4所示。

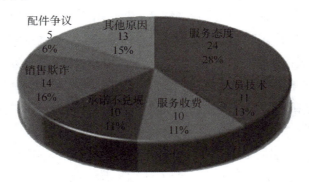

图1-4 目前汽车售后行业投诉问题比例

在现代经济条件下，大量车主对车辆的专业维修、适时保养等全方位服务的要求越来越高。专业化、服务一体化将是汽车服务业生存和发展的根本。

随着汽车行业的快速发展以及人们消费观念的不断更新，汽车售后服务受到人们的广泛关注。与国外汽车售后服务业相比，我国的汽车服务行业仍然存在许多不足，这在一定程度上对汽车行业的发展带来一定的负面影响。据统计，国内汽车市场销售额中，制造商占43%，服务占12%，配件占37%，零售占8%。在国外成熟的汽车市场销售额中，制造商占21%，服务占33%，配件占39%，零售占7%。显然，我国的制造商比例太大，而服务所占的比例又太小，服务市场空间很大。另据业内人士介绍，在国际成熟的汽车市场上，比较正常的利润来源应该是汽车销售占10%，零部件销售占20%，二手车经营占20%，售后服务所占比例高达50%。而目前我国汽车售后服务网点还不多，相关的服务产业还处于萌芽阶段，而随着我国汽车产业的逐渐成熟和汽车保有量的不断增大、整车销售市场竞争的加剧和利润空间的进一步萎缩，汽车的售后服务将成为汽车产业链上利润最大的一块"奶酪"。以汽车售后维修服务和汽车养护为例，汽车销售商的利润来源中，售后服务占50%，这说明售后服务大有开拓的余地。目前，我国的汽车养护业还没有形成严格的行业标准和服务体系。

随着竞争的不断深入，中国当前售后服务现状且"买车＝买服务"，或者说"汽车是靠服务卖出去的，已成为越来越多消费者的共识。只有开展良好的售后服务，厂家和消费者才能在这个层面上获得双赢。世界经济形势变化多样，影响因素也在不断增加，使得我国汽车服务业的现状仍旧不容乐观，还存在很多问题，比如服务机制与体系不健全、各方面内容需要完善、相关服务人员的素质水平还较低等都是急需解决的问题。

面对国外企业的强烈竞争，我国的汽车售后服务业必须对国外先进的服务体系进行研究和学习，吸取现有成功案例的经验，不断改进和完善，建立起一套健康、可持续的服务体系，这样才能使我国的汽车售后服务业在巨大的商机中得以更加辉煌地发展。

（二）国外售后服务现状

国外汽车产业发展较早，汽车售后服务的产业也相对成熟，汽车售后服务业成为汽车价值链的主要利润来源，在国外受到众多学者的重点研究。早在20世纪90年代，国外汽车学者对汽车工业已经运用较先进的研究方法和科学的管理手段，发展汽车售后服务业。与我国汽车售后服务管理体系相比，西方发达国家主要存在以下优势：

（1）销售体系的建立以生产企业为中心，形成一种唇齿相依、休戚与共的产销衔接关系。一般依靠合同把销售活动与双方的利益紧密联系在一起，采用的是受控于厂家的专卖制，这些专卖店都是"四位一体"，售后服务是其主要业务之一。在这种利益共同体中，一个环节的失误会造成整体利润的下降，因此，所有环节都会不遗余力地使顾客满意。

（2）服务理念先进。国外汽车售后服务的理念是"以人为本，顾客至上"，能主动、热情、及时地处理用户意见，并根据用户要求设立服务项目。并且售后服务不再局限于为消费者提供方便，更多地加入了快乐消费、安全消费和文化消费等内容。

在美国市场，为方便大众总体表现是专业化分工。在汽车后市场，出现了专营玻璃、轮胎、贴膜、喷漆、润滑油、美容品、音响、空调等业态为主体的店面。如在美国汽配巨头PepBoys超市的店面周围一般会聚集一些专业店，每间100~200 m^2，有修换轮胎的，改装底盘的，贴太阳膜的等。每家店都发挥各自优势，同时与其他商家相结合，成行成市，一起满足消费者的需求。ProntoWash是美国最大的洗车连锁品牌，它提供店面及上门洗车服务，目前已在多国开展业务（见图1-5）。

图1-5　ProntoWash可移动式洗车机

（3）从业人员素质高。科技的发展使汽车的技术含量越来越高。在德国，一辆汽车进入维修厂，首先必须接受专门智能仪器的检测，然后根据检测结果用专用设备进行调整和修理。此外，汽车修理所需要的维修资料也以网络、数据光盘的形式提供；几乎所有的汽车维修人员都接受过汽车维修专业的职业教育。这种学制为3年的正规职业教育，重理论，但更重实践。在职业学校的一年级，学生每周有2天时间在课堂上听课，其余3天去汽修厂实习；到了二年级，课堂听课时间每周减少到1.5天，而实习时间增至3.5天；最后一年，每周在校学习时间只有 1 天，其余时间都在汽修厂实习。毕业就业后的工资要比没有上过职业学校的从业人员多 1 倍，因此，未经过正规职业教育的从业人员寥寥无几。德国维修人员综合素质高，他们在作业时会严格按照有关资料上的规定对客户的汽车进行维护保养，很少提前更换一些尚未达到使用周期的零配件，更不会利用顾客的无知故意夸大故障，让顾客花冤枉钱。

（三）未来中国汽车售后服务发展方向

随着我国经济的快速发展，汽车保有量也日益增加，2016 年年末我国民用汽车保有量达到 1.94 亿辆，仅次于美国。在当今的汽车消费领域，消费者购买汽车时更注重售后服务工作。目前各大汽车品牌在质量、价格、功能上的差距越来越小，并且整车销售利润也逐步减少，汽车生产经销商的重点也开始向售后市场倾斜。2012—2020 年我国汽车保有量如图 1-6 所示。

图 1-6　2012—2020 年我国汽车保有量

汽车售后服务业将呈现三大发展趋势：

（1）品牌化经营。其主要分为汽车制造商和专业汽配维修商两类。国外大的汽车生产商往往也是售后服务市场的主力，这类维修厂规模较大，生产设备精良，维修人员受过统一培训，在技术上具有权威性，服务对象主要是定点维修品牌车。而专业汽配维修商则自创服务品牌。目前的社会可以说是品牌化的一个社会，汽车变得越来越品牌化，相应的售后服务也会朝着品牌化的道路不断发展。品牌化的基础就是要品牌定位产品，这有利于企业树立起一个良好的品牌形象，应该是朝着让客户满意的方向发展，而先进技术和优良设备可以说是创造品牌的前提，因此，我国一定要在今后打造出更多属于自己的品牌。

（2）从修理转向维护。汽车坏了修理不是真正的服务，真正的服务是要保证用户的正常使用，售后服务的重点将转向维护保养。有关调查显示，一辆新车从购入到汽车报废的全部花费中，购车费用只占到 35% 左右，而后期维修保养占到 45% 左右，并以每年 10% 以上的速度递增。先进的汽车维修方式已从在汽车出现了故障后再去修理，向"定期检测、强制维护、发动机维修、视情况修理"的方向转变，从"修旧式"向"换件式"转变。

（3）高科技不断渗透。随着技术的发展，汽车的电子化水平越来越高，汽车保修越来越复杂,大批高科技维修设备应用于汽车维修行业,如汽车本身的高科技化、汽车维修检测设备的高科技化、汽车维修资讯的高科技化、汽车维修技术人才的高科技化及汽车维修电脑管理的高科技化等。随着汽车维修网络技术的发展,随时可以在网上获得维修资料、诊断数据、电路图和修理流程等,缩小了不同规模维修企业在获取技术信息方面的差距。

随着中国汽车市场的日趋成熟,售后服务越来越被企业重视。中国售后服务发展速度并没有与市场的快速成长匹配,反而在一定程度上制约了中国汽车行业的发展,削弱了中国汽车的竞争力。在"微增长"时代下服务显得十分重要,不仅应看到产销,更应重视汽车后市场,要做到不断补充自身的不足,学习其他先进售后服务技能,将售后服务做到最好,让顾客满意。

任务二 汽车售后服务企业岗位分析

组织结构是企业实现战略目标和构造核心竞争力的载体,也是企业员工发挥各自优势获得自身发展的平台。一个完善的组织结构能够让所有员工步调一致、齐心协力达成一个目标,而一个松散的组织会使效率降低、内耗增加,影响企业的发展。

一、售后服务组织结构

汽车售后服务岗位组织结构如图 1-7 所示。

图 1-7 汽车售后服务岗位组织结构

二、售后服务岗位描述

1. 总经理

总经理任职条件：

（1）具有汽车专业大专及以上文化程度。

（2）具有较强的管理、协调和组织能力。

（3）具有较强的与人沟通交流能力。

（4）熟练操作办公自动化软件和管理软件。

（5）3年以上汽车维修企业管理或相关经验。

总经理工作职责：

（1）全面负责本企业各项工作。

（2）依据国家及行业的各项法律、法规制定，落实本企业的规章制度及方针政策。

（3）负责公司内文件的审批签发。

（4）主持制订本企业年度计划、季度计划等。

（5）参加汽车生产厂的有关会议并负责传达，落实投资及经营费用预算，负责签发报送汽车生产厂的文件及各种报表。

（6）投资及经营费用预算，包括厂房、厂地、设备设施的维护、折旧，人员工资，税务，广告费，差旅费等。

（7）人力资源管理，包括员工人事任免、员工满意度调查、员工考核、员工渐成制度的建立与完善、员工培训计划的制订与实施等。

2. 服务总监

服务总监任职条件：

（1）具有汽车专业大专及以上文化程度。

（2）精通市场营销、财务管理、人事管理等企业管理知识。

（3）具有较强的计划、组织、协调能力。

（4）熟练操作办公自动化软件和管理软件。

服务总监工作职责：

（1）按品牌服务的要求对企业进行管理。

（2）负责与汽车生产企业售后服务部的业务联系，并落实其他各项工作安排。

（3）直接领导服务经理、备件经理、车间主管、技术经理的工作。

（4）重大质量问题及服务纠纷的处理。

（5）定期向总经理和汽车生产企业售后服务部报告企业的生产、经营和管理等工作。

3. 服务经理

服务经理任职条件：

（1）具有汽车专业大专及以上文化程度。

（2）具有先进的管理概念。

（3）有丰富的汽车维修经验和汽车理论基础。

（4）有较强的组织能力和表达能力。

（5）有驾驶执照，能熟练驾车。

（6）能熟练操作计算机。

服务经理工作职责：

（1）制定售后服务管理制度和业务流程工作标准。

（2）制订售后服务工作计划，保证售后服务月度和年度经营指标的完成。

（3）售后服务部日常事务的协调管理。

（4）处理用户投诉。

（5）制订售后服务内训计划并组织实施。

（6）售后服务部全体员工的阅读和年度考核。

（7）定期向总经理汇报售后服务工作情况。

4. 客户管理员

客户管理员任职条件：

（1）具有大专及以上文化程度。

（2）具有较强的与人交流的能力。

（3）熟练操作办公自动化软件和管理软件。

（4）一年以上轿车维修或相关经验。

客户管理员工作职责：

（1）建立、更新、维护顾客和车辆信息档案。

（2）顾客跟踪回访。

（3）传播服务信息。

（4）投诉档案的建立、管理。

（5）服务预约信息的记录及传递。

5. IT 信息员

IT 信息员任职条件：

（1）具有计算机或相关专业中专及以上文化程度。

（2）了解汽车构造、汽车维修知识，具有 2 年以上工作经验。

（3）具有较好的语言表达能力。

（4）熟悉汽车驾驶，有驾驶执照。

（5）熟悉计算机系统、网络操作系统、系统安全和数据安全、计算机网络体系结构和网络协议等相关知识。

（6）熟练掌握网络安全和主要的安全协议与安全系统、网络通信、网络管理、局域网、互联网、VPN、IP 路由规划等相关技术。

（7）熟悉思科、H3C 等主流产品，熟悉防火墙、IPS、SSL VPN 技术，熟悉网络设备、Windows 服务器、Linux 服务器等。

IT 信息员工作职责：

（1）负责车辆销售 1 周内的电话质量跟踪。

（2）负责客户来电记录，来信、来函的收集，将客户信息录入电脑系统，并将信息向相关部门传递。

（3）负责来自汽车生产企业售后服务部及其他部门的信息接收、登记、传递及管理，并负责信息反馈工作。

（4）负责 R3 信息（基础信息、人员信息、培训信息等）的维护、接收与反馈。

（5）负责 Web 信箱信息的接收、反馈与存档。

（6）负责企业内部的 IT 信息管理。

（7）大数据信息录入、分析、反馈、汇总。

（8）整理客户信息进行信息汇总，出报表，将按揭客户信息录入电脑并汇总提醒销售人员进行信息沟通。

（9）根据公司交车情况，及时、准确更改销售看板。

（10）负责信息上报、CALL 车、订单工作。

（11）每日查看销售通报，记好车辆库存明细，报备销售部和销售经理。

（12）做好信息上报工作，确保交车客户资料的完整。

6. 接待文员

接待文员任职条件：

（1）具有较强的与人沟通交流能力。

（2）一年以上服务行业或相关经验。

接待文员工作职责：

（1）及时、准确接听、转接电话。

（2）接待来访顾客并及时准确通知销售人员。

（3）随时保持顾客休息区的整洁。

（4）负责顾客休息区的服务工作。

前台接待着装如图 1-8 所示。

7. 售后服务顾问

（1）用户接待。

①迎接、问候用户。

图1-8 前台接待着装

②故障现象问询并确认。

判断故障原因、索赔鉴定（单据报送）：

①向用户说明维修、保养项目。

②与用户约定交车时间，说明维修费用。

③开具派工单以及用户档案的建立或完善。

（2）监督作业过程。

①座椅、护套等防护措施的使用、监督、维修过程等。

②作业进度监控。

③更改或增加作业项目时，修改派工单。

（3）指导用户结算。

①帮助用户进行财务结算。

②针对工时费、材料费等予以合理解释。

③适当的折让以改善用户关系。

车辆检查如图1-9所示。

图1-9 车辆检查

（4）车辆交接。

①回答用户疑问（见图1-10）。

②送用户离店并致谢。

（5）参与信息反馈。

了解用户意见，反馈市场动态，掌握轿车在维修、保养及使用中出现的问题，反馈给技术总监。

8. 索赔员

索赔员任职条件：

（1）具有大专及以上文化程度。

（2）具有一定的语言表达能力和协调能力。

（3）具有一定的故障件鉴定能力，掌握本品牌轿车索赔条例。

（4）有驾驶执照，能熟练驾车。

（5）能熟练操作计算机。

（6）熟练掌握汽车质量担保政策及业务知识，认真执行保修政策，维护厂家和本销售服务中心的利益和形象。

（7）按照相关索赔条例办理索赔申请及相应索赔事物，如索赔、保养单据的填报，索赔旧件管理等。

（8）积极向顾客宣传汽车索赔条例，现场解决用户关于索赔的各种问题。

索赔员工作职责：

（1）认真检查索赔车辆，做出质量鉴定（见图1-11），负责故障原因分析，结合质量担保政策，判定是否为索赔范围。

图1-10　回答用户疑问

图1-11　检查索赔车辆，做出质量鉴定

（2）负责正常索赔及超出权限的索赔申请。

（3）负责索赔件及索赔件记录的管理，建立索赔件台账。

（4）负责向汽车厂返还发生索赔的故障件。

（5）负责索赔件库的管理工作。

（6）主动收集反馈有关车辆质量方面的信息。

（7）定期整理和妥善保存所有的索赔档案。

（8）稳定客户情绪。

（9）对客户投诉问题进行收集并准备相关材料，提醒客户带齐保修所需资料。

（10）对投诉问题，负责故障件的原因分析，并由技术经理鉴定重大问题。

（11）对质量问题，制作好索赔委托书，与备件库协调，做好索赔备件的准备，并跟维修技师进行沟通。

（12）索赔鉴定非质量问题，则须与客户做好说明与沟通，提供使用与保养备件更换的建议。

（13）结束性的总结，对索赔处理过程进行说明、解释。

（14）和备件部门进行索赔旧件的管理，索赔旧件的筛选及出入库管理。

（15）对保修索赔款的回收负全权责任，并对保修费用异常情况给出有效的措施或反馈给相关领导。

9. 索赔员

索赔员任职条件：

（1）具有大专及以上文化程度。

（2）具有一定的语言表达能力和协调能力。

（3）能熟练操作计算机。

（4）了解并掌握公司下达的新车保险目标任务。

（5）工作认真、细致。

索赔员工作职责：

（1）严格执行保险公司对各险种的相关管理规定，熟练掌握所承保险种的条款、条款解释、险种、险种解释、费率、费率解释的内容及电脑出单操作规程，工作认真、细致。

（2）对超权限业务，应通知销售顾问，按程序上报公司领导进行处理，对工作中出现的一些问题，应及时向本部门领导汇报，以便及时改进。

（3）耐心对客户、销售顾问或其他部门人员提出的有关业务咨询进行解答。

（4）负责客户及销售顾问对保单信息的查询、保险咨询。

（5）告知销售顾问最新承保政策及理赔相关事项。

（6）每日须处理完当日所出具的保单，并进行登记整理。

10. 车间主管

车间主管任职条件：

（1）具有大专及以上文化程度。

（2）具有很强的管理、协调和组织能力。

（3）具有4年以上汽车维修或相关经验。

车间主管工作职责：

（1）全面负责维修车间的安全、卫生、设备和"5S"等现场管理工作。

（2）协调监控维修作业进程，确保维修质量和完工交车时间。

（3）维修车间日常工作的指导和监督。

（4）与服务主管共同协调车间业务和前台业务的衔接。

（5）所管辖各岗位员工的月度和年度考核。

（6）定期向服务经理汇报维修车间的工作情况。

11. 车间调度

车间调度任职条件：

（1）具有中专及以上文化程度。

（2）具有现场生产管理方面的工作经验。

（3）具有两年以上轿车维修或相关经验。

车间调度工作职责：

（1）根据各维修技师的技能水平和业务量饱满程度分配维修作业任务。

（2）维修资源的有效调度，并及时向服务主管反馈维修资源的动态状况。

（3）完工时间可能出现延误时及时通知服务顾问或服务经理。

（4）及时更新"维修作业进度看板"。

12. 维修技师

维修技师（见图1-12）任职条件：

（1）具有中专及以上文化程度。

（2）具有很强的管理、协调和组织能力。

（3）具有现场生产管理方面的工作经验。

（4）熟练操作办公自动化软件和管理软件。

（5）具有4年以上轿车维修或相关经验。

图1-12　汽车维修技师

维修技师工作职责：

（1）服从车间调度的维修任务分派安排。

（2）严格按照操作规范和工艺流程对用户的车辆进行快速、正确的修理，并进行总的检查；对车辆进行日常保养、检查和维修。

（3）向车间调度反馈维修作业进度状况。

（4）完成维修作业之后进行岗位维修质量自检验。

（5）完成车间主管安排的各项临时性工作任务。

（6）负责维修作业场所的"5S"工作。

（7）新车交车前进行检查（PDI）。

（8）对工具、设备进行定期保养。

13. 技术经理

技术经理任职条件：

（1）具有汽车专业大专及以上文化程度。

（2）从事汽车维修工作5年以上，具有丰富的维修经验，对本品牌汽车故障有较强的分析判断能力。

（3）具有一定的外语阅读能力，能够熟练操作计算机。

（4）具有良好的语言和文字表达能力及沟通能力。

（5）有驾驶执照，能熟练驾车。

技术经理工作职责：

（1）培训。

①参加汽车厂有关培训，负责店内员工的二次培训。

②负责店内员工的常规培训。

③负责开展店内技术竞赛等活动。

（2）故障诊断。

①负责疑难故障的诊断及维修技术攻关。

②负责定期收集技术疑难问题及批量出现的质量问题，反馈给汽车厂。

③负责监管、指导维修人员使用专用工具和仪器。

（3）质量验收。

①负责控制、监督维修人员的维修质量。

②对大的维修项目和安全部分的维修进行终检。

14. 质量检查员

质量检查员任职条件：

（1）具有汽车专业中专及以上文化程度。

（2）具有较强的责任心。

（3）从事汽车维修工作3年以上，有较丰富的维修经验。

（4）有驾驶执照，能熟练驾车。

质量检查员工作职责：

（1）质量检查。

①负责监督维修人员的维修工作。

②负责常规作业项目的质量验收，并在派工单上签字。

③负责参与重大、质疑故障的分析、鉴定。

（2）参与和协助店内培训。

①负责培训准备工作。

②协助技术总监进行有关课题的讲解。

15. 备件经理

备件经理任职条件：

（1）具有汽车专业大专及以上文化程度。

（2）有3年以上的汽配功效管理经验。

（3）有较强的组织协调能力。

（4）能熟练应用计算机。

（5）参加并通过汽车厂配件部管理部门组织的培训。

备件经理工作职责：

（1）负责备件管理工作。

（2）根据汽车厂的要求及市场需求合理调整库存，加快资金周转。

（3）负责对店内有关人员进行配件业务培训。

（4）负责协调备件供应部门与其他部门的关系，保证一线服务工作需要。

（5）负责向本品牌轿车厂配件部管理部门传递备件市场信息及本店的业务信息。

（6）审核、签发配件订单。

（7）参加本品牌轿车配件部管理部门组织的业务培训。

16. 备件计划员

备件计划员任职条件：

（1）具有汽车专业大专及以上文化程度，有3年以上汽配工作经验。

（2）具有一定的管理知识及管理经验。

（3）具备一定的汽车维修常识。

（4）对汽车备件市场信息敏感，工作踏实，责任心强。

（5）能熟练操作计算机。

备件计划员工作职责：

（1）根据本店维修保养需要，合理安排库存，确保一线服务工作的正常开展。

（2）根据汽车厂配件管理部门有关配件计划、订购规定，开展配件计划、订购工作，正确、及时填写和传递备件订单。

（3）对配件供应的及时性、正确性负责，并保证订购汽车厂的原厂纯正备件。

17. 备件管理员

备件管理员任职条件：

（1）汽车专业中专及以上文化程度。

（2）有一定的仓库管理经验。

（3）具有一定的汽车构造及维修常识。

（4）工作踏实，责任心强。

（5）能熟练操作计算机。

备件管理员工作职责：

（1）负责配件的仓储收发管理及库存盘点。

（2）负责配件的入库接收及维修配件的发放工作，建立库存账目。

（3）及时向配件员通报配件库存情况。

（4）负责配件库的安全及防火工作。

18. 工具／资料管理员

工具／资料管理员任职条件：

（1）具有中专及以上文化程度。

（2）熟悉汽车。

（3）具有一定的文件资料管理和库房管理知识。

（4）能够熟练操作计算机。

工具／资料员工作职责：

（1）负责建立工具、设备台账档案。

（2）负责库存工具借用记录。

（3）负责库存工具的维护和年检。

（4）负责维修技术资料的管理。

19. 内部培训员

内部培训员任职条件：

（1）汽车相关专业大专以上文化程度。

（2）熟悉汽车构造及相关知识，具有较强的汽车维修技能。

（3）具有较强的语言表达能力。

（4）能够熟练操作计算机。

（5）具有一定的英语阅读能力。

（6）熟悉汽车驾驶，有驾驶执照。

内部培训员工作职责：

（1）负责本公司内部培训的授课工作和技术部工作。

（2）切实落实授权公司对本公司的专业技术培训计划。
（3）切实掌握公司内部技术的培训率，并对员工的内部技术培训进行考核及评估跟踪工作。
（4）收集和分析重大技术案例和故障案例，及时传达，及时学习。
（5）负责组织研究技术难题攻关工作。
（6）协助公司开展培训的其他相关工作。

任务三　汽车售后服务的礼仪规范

一、礼仪在服务中的重要作用

礼仪是人类文明的产物，是随着社会的进步而逐渐形成的。古人讲"不知礼，无以立。"那何为礼仪？礼仪是两个不同概念的合并，孔子在《礼记·仲尼燕居》中提到，"礼也者理也"，其实说的是人和人之间，万事万物的道理。而仪的概念是指外在的行为仪态。总结来说，礼仪其实是在表现相互之间道理上的一种行为举止，而运用的价值在于能更好地达到预想的结果，促进双方进行更好的沟通。礼仪最大的核心在于表述尊重，在相互尊重的前提下能够更好达成双方的共识。

对目前的汽车售后服务行业来说，第一项的工作内容在于服务，这包括了很多含义，但最终目的是让客户的满意度更高，为此礼仪的作用尤为重要，因为礼仪在于全方位展现出汽车服务顾问对客户的全方位尊重，让对方在相对惬意的环境中更好地感受专业化的服务，从而更好地提升企业形象，赢得良好口碑。

二、个人仪容仪表

仪表简单来说是指一个人的外表。它是一个人总体形象的统称，除容貌、发型之外，还包括人的服饰、身体、姿态等。

仪容总体来说是指一个人的容貌，包括五官的搭配和适当的发型衬托，在很大程度上取决于先天条件。对个人的整体形象而言，容貌是整个仪表一个至关重要的环节。它反映着一个人的精神面貌、朝气和活力，是传达给接触对象感官最直接、最生动的第一信息。作为一名汽车行业服务人员，对于仪容的标准不止局限于容貌，还包括发型、面部、颈部和手部，因为这都是在与客户交流过程中所展现在客户眼前的重要部分。

（一）仪容礼仪

1. 发式礼仪

男士发型应注意大方得体，整洁、不染发、无异味，长度适中，款式适合自己。有条件的话保证两天一洗,很多人认为保障头发整洁需要天天洗发,但是过频洗发,洗发水会对发根产生伤害。汽车售后服务人员头发一般不能太短也不能太长,具体要求:前发不附额,侧边不过耳,后发不及衣领。维修人员因为需要戴帽子,所以头发相较于服务顾问略短。

女士发型和男士相比原则上大同小异,都需要定期养护修剪,但由于需要经常出入于维修车间,为避免危险,应该把头发盘起来。

2. 面部

男子胡须要剃净,鼻毛应剪短;女子可适当化妆,但应以浅妆、淡妆为宜,不能浓妆艳抹,并避免使用气味浓烈的化妆品。

关于女性售后服务顾问妆容总的原则——"化妆上岗,淡妆上岗"。化妆是对自身的一种修饰,既是表现自己对美的一种追求也是尊重他人的表现,因为每个人都有一些自己的瑕疵,因此必须化妆,但也不能浓妆艳抹,应遵循"扬长避短"的原则。

要使化妆符合审美的原则,应注意讲究色彩的合理搭配,并能依据自己的脸型合理调配深浅、亮度,凸显整体效果,而不是将单一部位强化。最重要的还是强调自然美,化妆的最高境界叫作"妆成有却无"。

在化妆礼仪中要求不以残妆示人,但要记住"修饰避人"的原则,即不在公共场合化妆和补妆,因为在国际惯例中当场化妆和补妆很不文雅,有诱惑对方之嫌。

3. 指甲

不能留长指甲,指甲的长度不应超过手指指尖;要保持指甲的清洁,指甲缝中不能留有污垢。女性汽车售后服务顾问绝对不可以涂有色的指甲油,因为在与客户的交流中经常会用手势进行辅助讲解,有色的指甲油会吸引客户的注意力,一方面不利于和客户沟通,另一方面也是对自身的不够尊重。在这里要强调一下,对于汽车售后维修人员,因为经常在汽车修理的过程中会有油泥,指甲过长不易清洗干净,同时在维修过程中指甲过长很容易被机械碰伤,所以一定要避免指甲过长。

(二)仪表礼仪

就当前规范化的汽车售后市场管理来说,每家品牌、每一个特许经营店为体现其规范的管理模式都有其对应的统一着装。总体来说,前台岗位以商务正装为统一着装,车间修理岗位则是以便于工作的工装作为统一着装。

> **汽车服务岗位着装的基本要求:**
> (1)在工作岗位上要穿制服。
> (2)穿制服要佩戴工号牌。

（3）制服要整齐挺拔且必须合身，注意四长、四围。
（4）制服应注意整洁。
（5）鞋袜须合适。
（6）注意职场着装的禁忌。
切勿过分杂乱、过分鲜艳、过分暴露、过分透视、过分短小、过分紧身。

1. 西装礼仪

作为汽车售后服务顾问，在统一标准的着装基础上还应了解一些穿着技巧和搭配要求，因为在影响外在形象气质方面除了穿着衣服的款式外，还有搭配的合理性和着正装的基本要求。

1）西服着装基本原则

首先要明确男子着西装"三个三"原则，即三色原则、三一定律、三大禁忌。

三色原则是指无论男女，全身上下的服装颜色加起来不要超过三种颜色，超过三种颜色看起来很混乱，比如说身上衣服是灰色的，裤子是蓝色的，皮鞋是棕色的，衬衫是粉色的，整个人就成了彩色的，不够专业化。

三一定律：首先要明确一个问题，因为男士正装是塑性的设计，所以正装的口袋一般是用来装饰的，像私人的一些物品，如钱包、手机装在兜里就会凸显出来，影响整体的视觉感官，而且对于汽车售后服务顾问还有一些要跟客户展示的单子也不方便直接从兜里掏出来，这显得不够重视客户，那么这些东西都应该放在哪里呢？这就需要汽车售后服务顾问准备一个皮包或者便携文件夹。三一定律就是要求男士的皮鞋、皮带和皮包三者的颜色是相同的。

三大禁忌：一是男士西装左袖的商标没有拆，因为在西装的销售过程中左袖商标代表的含义是这套西装没有售出，所以商标不拆不是在告诉别人西装品牌，而是说明这套西装是借来的；二是穿白色袜子、尼龙袜子出现在正式场合；三是领带的打法出现错误，运用领带夹。就当今社会来说，崇尚自由、洒脱，但领带夹的作用是固定领带，从而给人增添一种正式肃穆的权威感，所以就领带夹的应用来说适合两种人：公检法人员和身份地位高者。

2）衬衫的选择

前文说过，专业化的汽车售后部门有统一的着装要求，因此关于款式的问题不再赘述，此处着重介绍长度和搭配的选择。以正装为例，外套是统一的但衬衫是自己搭配的。

衬衫是贴身衣物，故要考虑其本身的舒适性和针织度；颜色为单一颜色无图案，这方面店内应有规定；领型以方领为宜。在长短尺寸上，应保证衬衫最上面的扣子系上时能且仅能伸进一根手指，两臂自然下垂时外衣把衣袖盖住，而抬手时衬衫的衣袖要露出外衣袖。

衬衫的第一粒纽扣一定要系好。衬衫的袖口一般以露出西装袖口以外 1.5 cm 为宜。衬衫的下摆不可过长，而且下摆要塞到裤子里。不穿西装外套只穿衬衫打领带时仅限室内活动，而且正式场合不允许。

领带——男子服饰的灵魂。面料质地一般以真丝、纯毛为宜，但具体情况适工作环境和身份而定。颜色上应选用与自己制服颜色相称、光泽柔和、典雅朴素的领带。打法讲究场合，打领带意味着郑重其事，所以西装套装非打不可，夹克等则不能打。领带的长度以自然下垂最下端（即大箭头）及皮带扣处为宜。

3）西装穿着细节

（1）西裤。

①因西装讲究线条美，所以西裤必须有中折线。

②西裤长度以前面能盖住脚背，后边能遮住 1 cm 以上的鞋帮为宜。

③不能随意将西裤裤管挽起来。

（2）西装的扣子。

目前西装大部分款式都是单排扣，少数为双排扣款式，单排扣的西装穿着时可以敞开，也可以扣上扣子。对于单排扣西装，两粒扣款式西装扣最上面一粒扣，三粒扣款式扣上两个扣，四粒扣扣中间两扣或上三扣，单粒扣款式西装多出现在礼服上。对于双排扣的西装要把扣子全扣上。

2. 西装套装礼仪规范

女性工作套装分为裤装和裙装两种款式，就商务场合来说，裙装属于女士的商务正装，而裤装属于商务休闲的范畴。一般来说，女性售后服务顾问都有两套工作服装，一套夏装，一套冬装，有些店里规定夏装为裙装，冬装为裤装，也有些店两者均为裤装。

1）女士裙装的选择

就款式来说，裙子一般有三种形式：及膝式、过膝式、超短式，目前很多 4S 店统一选择连体式裙装，在尺寸的选择上不要过长，显得臃肿拘谨；也不要过短，有失身份。一般来说，职场女性超短裙裙长应不短于膝盖以上 15 cm，除非长裙，否则最好不要超过膝盖。

女子套裙面料选择的余地要比男子西装大得多，宜选纯天然质地且质量上乘的面料。上衣、裙子、背心要求同一面料。颜色以冷色调为主，以体现着装者典雅、端庄、稳重的气质，颜色要求清新、雅气而凝重，忌鲜艳色、流行色。图案：讲究朴素简洁，以无图案最佳，或选格子、圆点、条纹等图案。点缀：不宜添加过多点缀，以免琐碎、杂乱、低俗、小气，有失稳重。当然因为每个店针对内部员工的着装都有其本身的规定，所以具体穿着款式要遵守各家店的要求。

2）女士着装的选择

（1）大小适度：上衣最短齐腰，袖长刚好盖住手腕，若穿裙子可达小腿中部，但注意因为商务套裙一般来说为体现干练都是紧身版，故过长会影响步伐；整体不过于肥大、紧身。

（2）穿着到位：与男士不同，女士上衣衣扣要全部扣好，不允许随便脱掉上衣。

（3）协调妆饰：高层次的穿着打扮，讲究着装、化妆和佩饰风格的统一。

（4）套裙的搭配：衬衫面料应轻薄柔软，颜色应雅致端庄，无图案，款式保守。内衣、衬裙不外露、不外透、颜色一致、外深内浅。鞋袜上以黑色牛皮为首选，或与套裙颜色一致；袜子应为单色，肉色为首选。

职业女性着裙装"五不准"：黑色皮裙不能穿；正式的高级的场合不光腿，尤其是隆重正式的庆典仪式；袜子不能出现残破；不准鞋袜不配套；不能出现"三截腿"。

三、饰品佩戴礼仪

饰品是指能够起到装饰点缀作用的物件，主要包括服装配件（如帽子、领带、手套等）和首饰佩戴（如戒指、胸花、项链、眼镜等）两类。

作为汽车4S店服务人员，由于工作的原因会接触到客户的车辆，所以佩戴的饰品不能有金属制品，并且应特别注意袖口纽扣和手表等零部件不能划伤客户的车辆。在工作之外的时间可按照喜好、场合佩戴饰品，但是在工作时不允许佩戴多余饰品，甚至还应该注意工牌的金属边角，最好改用塑料身份牌代替金属工牌。

在这里要注意一下，车间维修人员工装套装中含有帽子，作用不是修饰，而是前面的帽檐可以起到简单的定位作用，测量与额头之间的距离，继而起到保护作用，所以在工作中要求炎热的天气也不允许在车间内把帽子摘下来。

四、仪态礼仪

仪态也叫仪姿、姿态，泛指人们身体所呈现出的各种姿态，它包括举止动作、神态表情和相对静止的体态。人们的面部表情，体态变化，行、走、站、立，举手投足都可以表达思想感情。仪态是表现一个人涵养的一面镜子，也是构成一个人外在美好的主要因素。不同的仪态显示人们不同的精神状态和文化教养，传递不同的信息，因此仪态又被称为体态语。

仪态是指人在行为中表现出来的姿势，主要包括站姿、坐姿、步态等。"站如松，坐如钟，走如风，卧如弓"，是中国传统礼仪的要求，在当今社会中已被赋予更丰富的含义。随着对外交往的深入，我们要学会用兼收并蓄的宽容之心去读懂对方的姿态，更要学会通过完善自我的姿态去表达自己想要表达的内容。目光和蔼，面带微笑。

声音大小传情达意的意义不同，应该根据听者距离远近适当调整；手势要自然优雅，尊重民俗，符合礼仪。另外，公众区、熟人、陌生人、个人以及亲密区的界域也大有不同。

（一）站姿

站立是人们生活交往中一种最基本的举止。

站姿是人静态的造型动作，优美、典雅的站姿是发展人的不同动态美的基础和起点。优美的站姿能显示个人的自信，衬托出美好的气质和风度，并给他人留下美好的印象。

1. 正确的站姿要求

头正，肩平，臂垂，躯挺，腿并，身体重心主要支撑于脚掌、脚弓上；从侧面看，头部、肩部、上体与下肢应在一条垂直线上。

> **站立注意事项：**
> （1）站立时，切忌东倒西歪，无精打采，懒散地倚靠在墙上、桌子上。
> （2）不要低头、歪脖子、含胸、端肩、驼背。
> （3）不要将身体的重心明显地移到一侧，只用一条腿支撑着身体。
> （4）身体不要下意识地做小动作。
> （5）在正式场合，不要将手叉在裤袋里，切忌双手交叉抱在胸前，或是双手叉腰。
> （6）男子双脚左右开立时，注意两脚之间的距离不可过大，不要挺腹翘臀。
> （7）不要两腿交叉站立。

2. 几种基本站姿

1）男士的基本站姿

（1）身体立直，抬头挺胸，下颌微收，双目平视，嘴角微闭，双手自然垂直于身体两侧，双膝并拢，两腿绷直，脚跟靠紧，脚尖分开呈"V"字形，如图1-13所示。

图1-13　男士站姿一　　　男站姿坐姿

（2）身体立直，抬头挺胸，下颌微收，双目平视，嘴角微闭，双脚平行分开，两脚间距离不超过肩宽，一般以20 cm为宜，双手手指自然并拢，右手搭在左手上，轻贴于腹部，不要挺腹或后仰，如图 1-14 所示。

图 1-14　男士站姿二

2）女士的基本站姿

（1）身体立直，抬头挺胸，下颌微收，双目平视，嘴角微闭，面带微笑，双手自然垂直于身体两侧，双膝并拢，两腿绷直，脚跟靠紧，脚尖分开呈"V"字形，如图 1-15 所示。

图 1-15　女士站姿一　　　　女站姿坐姿

（2）身体立直，抬头挺胸，下颌微收，双目平视，嘴角微闭，面带微笑，两脚尖略分开，右脚在前，将右脚跟靠在左脚脚弓处，两脚尖呈"V"字形，双手自然并拢，右手搭在左手上，轻贴于腹前，身体重心可放在两脚上，也可放在一脚上，并通过重心的移动减轻疲劳，如图 1-16 所示。

图 1-16　女士站姿二

（二）坐姿

坐姿文雅、端庄，不仅给人以沉着、稳重、冷静的感觉，而且也是展现自己气质与修养的重要形式。

1. 正确的坐姿要求

（1）入座时要轻稳。

（2）入座后上体自然挺直，挺胸，双膝自然并拢，双腿自然弯曲，双肩平整放松，双臂自然弯曲，双手自然放在双腿上或椅子、沙发扶手上，掌心向下。

（3）头正、嘴角微闭，下颌微收，双目平视，面容平和自然。

（4）坐在椅子上，应坐满椅子的2/3，脊背轻靠椅背。

（5）离座时，要自然稳当。

男、女正确坐姿分别如图1-17、图1-18所示。

图1-17 男士正确坐姿

图1-18 女士正确坐姿

2. 双手的摆法

男士坐时，双手可采取下列手位之一：

（1）双手平放在双膝上（见图1-19）。

（2）双手叠放，放在一条腿的中前部（见图1-20）。

图1-19 双手平放在双膝上

图1-20 双手叠放于一条腿的中前部

女士坐姿类型如图1-21所示。

（a）　　　　　　（b）　　　　　　（c）　　　　　　（d）

图1-21　女士坐姿

（a）标准式；（b）侧腿式；（c）重叠式；（d）前交叉式

坐姿的注意事项：
（1）坐时不可前倾后仰，或歪歪扭扭。
（2）双腿不可过于叉开，或长长地伸出。
（3）坐下后不可随意挪动椅子。
（4）不可将大腿并拢，小腿分开，或双手放于臀部下面。
（5）不可高架"二郎腿"或"4"字型腿。
（6）腿、脚不要抖动。
（7）不要猛坐猛起。
（8）与人谈话时不要用手支着下巴。
（9）坐沙发时不应太靠里面，不能呈后仰状态。
（10）双手不要放在两腿中间。
（11）脚尖不要指向他人。
（12）不要脚跟落地、脚尖离地。
（13）不要双手撑椅。
（14）不要把脚架在椅子或沙发扶手上，或架在茶几上。

（三）走姿

走姿是人体所呈现出的一种动态，是站姿的延续。走姿是展现人的动态美的重要形式。走路是"有目共睹"的肢体语言。

正确的走姿要求：头正，肩平，躯挺，步位直，步幅适度，步速平稳，如图1-22所示。

图1-22 正确走姿

不雅的走姿：

（1）方向不定，忽左忽右。

（2）体位失当，摇头、晃肩、扭臀。

（3）扭来扭去的"外八字"步和"内八字"步。

（4）左顾右盼，重心后坐或前移。

（5）与多人走路时，或勾肩搭背，或奔跑蹦跳，或大声喊叫等。

（6）双手反背于背后。

（7）双手插入裤袋。

（四）服务接待礼仪

对于汽车服务人员来说，第一次接触客户时良好的礼仪举止会给客户留下深刻印象从而提升企业形象，达到吸引客户的目的，对此，需要注重与客户的第一次接触，在这里我们要讲一下接待客户的礼仪。

1. 商务礼仪——言谈举止

与人交流时礼仪三到：眼到、口到、意到。

眼到：要有目光的交流，注视别人时目光应友善，采用平视，必要的时候仰视。与人目光交流时间3~5 s，其他时间看嘴巴和眼部中间的位置，注视对方的时间是对方与你相处时间的1/3。

口到：讲普通话，热情正确称呼，表示对交往对象的尊重，体现社会风尚，反映个人修养。

意到：通过微笑把友善、热情表现出来，不卑不亢，落落大方，不能假笑、冷笑、怪笑、媚笑、窃笑。

2. 客户介绍

在与客户进行沟通或交流时避免不了需要自我介绍和介绍他人的情况。

1）介绍他人的基本原则

把地位低者介绍给地位高者、把年轻者介绍给长者、把客人介绍给主人、把男士介绍给女士、把迟到者介绍给早到者。

（1）介绍时动作：手心向上，介绍时一般应站立，特殊情况下年长者和女士可除外，在宴会或会谈桌上可以不起立，微笑点头示意即可。

（2）介绍的内容。

在进行自我介绍时，应语言简洁，不可长篇大论，把握时间，尽量控制在半分钟左右为宜，但应明确说出自己的联系方式及工作岗位，如有条件应向客户介绍自己的工作经验，并明确向客户阐述自己的岗位职责。

介绍他人时，如果是将客户介绍给其他汽车服务行业人员，应介绍客户的姓名及其尊贵的称谓，反之应详细说出汽车售后服务人员的基本信息。

在进行介绍之前应先点头示意、目光恳切，征求对方的同意，在得到反馈后开始下一步的行为，切记不要不分情况、不分场合导致对方的厌烦。

2）引领客户

在国际惯例中以右为尊，所以引领客户时，应走在客户的左前方向，左手指向目标方向，同时注视对方并面带微笑。手势语的使用能够更好地表达出良好的礼仪形象，以引领为例，以肘关节为轴，尽可能让手臂呈现出优美的圆弧度，大拇指弯曲，四指并拢，手掌向上，手指指向目标。

（五）入座礼仪

在客户进行汽车售后维修保养中，若需要很长的时间，汽车服务顾问应先引导客户到休息区休息，第一时间帮助客户移动座椅方便客户入座，待客户入座后将座椅轻微移动到适当位置，等客户入座后服务顾问再回到自己的位置。在与客户交谈中身体应保持正直，注意不要左右晃动。需要站起来时，先告知客户下一个动作，如"王先生，我们一起看车吧"，然后再引导客户起立。如果不需要客户起立，则必须告诉客户如"王先生，您稍等我需帮您倒杯饮料"。如果需要长时间沟通：

送茶点礼仪：

首先须问客户所需要的饮料种类，在听到对方提出的要求后，重复饮料名称进行确认。

送茶点时托盘高度靠近胸部一侧以免自己的呼吸接触到饮品。

说"打扰一下"后，按逆时针方向将饮料放在客户的右手边。若同一桌上有不同的饮料品种，在分发前需要先行确认。

使托盘的正面朝向外侧，用左手夹住，用右手扶在托盘上说"请慢用"后点头示意离开。（如果桌面有异常物品，请将茶水尽量远置。）

（六）送别礼仪

客户离店时，应先起身，主动和对方握手道别，送别时要感谢对方来店，表明希望能够再一次见面。向远去的客户微笑挥手（向客户致谢），并行注目礼，目送对方离开直至其在视线中消失。

（七）握手礼仪

握手是日常生活中最常用的礼节之一，握手的目的在于表现出自己的热情，并且要想达到双赢的目的，很多时候，一次良好的合作就是从握手这一简单的动作开始的，所以如何表现出握手这个动作表现之外的深刻含义就是我们要考虑的问题。

握手基本原则：上级在先，长者在先，主人在先，在社交场合中，以女士优先基础为主。

握手的力度：握手力度不宜过大或过小，若过小，给人以不自信之感；若过大，则显示出极强的侵略性，大约在两牛顿。一般来说，握手的时间在2~3 s，若是老朋友见面应在3~4 s，时间不宜过长。同时，在握手的过程中应当注意对方眼神，配上语言的交流，要注意，握手的目的在于表现出良好的亲和力，所以整个过程中必须保持优美的微笑。

（八）递交文件

在与客户进行沟通或交流时，初次见面需要给客户递交名片，随着服务的深入，需要把工时的详细名单、维修费用单、保养手册等文件递交给客户，并征求客户的同意和签字。在这里需要明确，如何让这一过程更好地体现出自己的专业化，表达出公司的服务理念。

1. 递接名片礼仪

名片是经过精心设计的，能表示自己身份，从而更好开展工作的外在卡片，所以，每一张名片都应该良好对待，客户的名片，在某种意义上代表了本人。

（1）在与客户交流之前，事先准备好自己的名片，放在容易拿出的地方，在递交给客户时，鞠躬双手递交，把字体面向客户，大拇指尽量不要盖住名片内容。

（2）接收对方名片时，必须点头表示感谢，先不要急于放回自己的兜中，先花一段时间详细记录名片上的内容，包括姓名、身份、职务、联系方式，有意识地重复对方的身份或尊贵的称谓，以示尊敬。

（3）收到名片要妥善保存。

递送资料的礼仪：

资料正面面对接收人，用双手递送，并对资料内容进行简单说明。如果是在桌上，切忌将资料推到客户面前。如果有必要，帮助客户找到其关心的页面，并做指引。

如赠送礼物给客户，需双手递送，点头示意，真诚地看着对方的眼睛，说出致谢的话语，微笑着递给客户礼物。

递名片

2. 电话礼仪

电话被现代人公认为便利的通信工具。在日常生活中，使用电话的语言很关键，它直接影响一个公司的声誉，"未见其人先闻其声"，人们通过电话也能粗略判断对方的人品、性格。因此，应掌握正确的、礼貌的电话礼仪。接听电话不可太随便，应讲究必要的礼仪和一定的技巧，以免横生误会。无论打电话还是接电话，都应做到语调热情、大方自然、音量适中、表达清楚、简明扼要、文明礼貌。

1）接听电话规范

（1）及时接听。一般来说，电话铃响3声之前、6声之后接听就应道歉"对不起，让您久等了"。如果受话人正在做一件要紧的事情不能及时接听，代为接听的人应妥为解释。尽快接听电话会给对方留下好印象，让对方觉得自己被重视。

（2）讲究艺术。接听电话时，应注意使嘴和话筒保持4 cm左右的距离，要把耳朵贴近话筒，仔细倾听对方的讲话。应让对方结束电话，然后轻轻把话筒放好，最好是在对方之后挂电话。

（3）面带微笑。拿起电话听筒时一定要面带笑容。不要以为笑容只能表现在脸上，它也会藏在声音里，亲切、温情的声音会使对方立刻形成良好的印象。打、接电话时不能叼着香烟、嚼着口香糖，说话时，声音不宜过大或过小，吐字清晰，保证对方能听明白。

2）拨打电话规范

（1）选择适当的时间。拨打电话时，如非重要事情，尽量避开受话人休息、用餐的时间，而且最好不要在节假日打扰对方。电话回访前应与客户邀约方便的通话时间。

（2）控制通话时长。拨打电话前，最好先想好要讲的内容以便节约通话时间。通常一次通话不应长于3 min，即"3 min原则"。

态度应亲切友好。通话应考虑声音的魅力，展现友好的态度。

3. 手机礼仪

铃声不能有不文明的内容。铃声要与服务顾问匹配，个性过于鲜明的铃声往往并不符合服务顾问应有的成熟、稳重形象，容易使客户产生不信任感。

上班时间或与客户交谈时，建议将铃声调至振动。

如与客户在交谈时遇到电话呼入，需先向客户致歉，同时接听手机应尽量简短。礼貌用语如"对不起，我先接一个电话"，或者"您好！现在我这里还有些事情，真是对不起，您看，一会我给您打过去可以吗？"

作为售后服务人员，要充分了解服务礼仪的重要性，平时多一个温馨的微笑、一句热情的问候、一个友善的举动、一副真诚的态度等，不但能使生活、工作增添更多的乐趣，还可以拉近与客户之间的距离，与客户更容易沟通与交流。

"客户至上、服务至上"是服务企业的宗旨，这充分反映了公司对每位员工的期望。一名售后服务人员的一言一行都代表着企业形象，对客户能否进行优质服务直接影响到企业荣誉，即使有再好的商品，如果没有高品质的服务，恐怕也会导致公司的信誉下降，业绩不振。总之，讲究礼仪是企业对每位售后服务人员的基本要求，也是企业服务宗旨的具体表现。

4. 电话话术及礼貌用语规范

在现代人际交往中,有一种工具日益成为人们沟通的桥梁,这就是电话。

您是否遇到过这样的情况:

忙碌的生活常被电话打乱,甜甜的美梦总被铃声打搅……困惑我们的还不止这些,电话什么时间打最得体?使用电话应该注意哪些问题?电话使用有哪些技巧?等等。

电话仿佛是个捉摸不透的宝贝,运用得体,可以使你获得有效沟通;运用不得体,又会成为人们交往中的绊脚石。所以,电话礼仪非常重要。

任务工单

工单 1-1　接待礼仪

考核项目	接待礼仪				
姓名		学号		班级	
任务要求	● 做好客户的接待工作 ● 为客户准备茶歇 ● 为客户提供相应的资料				
情景描述	客户：先生　　　　联系方式：13123456789 经销商：前进汽车销售服务有限责任公司 情景介绍：某日，服务前台接听客户来电，来电内容是客户要到店参观，请你接待一下客户，为客户介绍一下本店的情况				
任务计划	人员分工	顾问：		客户：	
任务实施					
自我总结与反思					
自我评价					

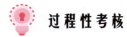 过程性考核

评价表

考核内容	电话礼仪考核		
考核情况			
序号	考核项目	表现记录	得分
1	电话机旁有无准备记录用的纸和笔		
2	是否在电话铃响3声之内接电话		
3	接起电话有无问候"您好!"		
4	是否在接听电话时同时做好详细记录		
5	是否正确了解对方拨打电话的意图		
6	是否重复了对方叙述的重要事项		
7	是否声音和蔼、面带微笑		
8	是否感谢客户的来电,并在客户挂断电话后再挂电话		
总体评价			

项目二 保养车辆的服务流程

 案例导入：

客户王先生开车来做 2 万 km 保养，服务顾问小张接待王先生。小张见王先生的车辆有点脏，没有外观检查，只检查下车辆贵重物品，并和王先生沟通车辆的使用情况，开具完任务委托书，小张将车开到维修车辆保养部门。车辆竣工后，王先生看到车辆侧面有划痕。王先生找到小张说是保养过程中造成的，让店里负责，小张则认为刚进店就有划痕。小张找到接车检查单，王先生车辆外观比较脏，没有记录车辆外观，小张百口莫辩。无奈，只好自掏腰包进行维修。

小张作为服务顾问，没有按照车辆保养的标准服务流程接待，导致问题的发生，那车辆保养的标准服务流程是什么呢？

任务一　车辆定期保养的目的和意义

一、车辆定期保养的目的

人们常说：车辆维护讲究"七分养三分修"，即车辆在全寿命使用过程中应做到经常检查、定期保养，对问题早发现、早解决，达到以保代修，甚至终身不大修的目的。汽车保养得好，既能保持汽车美观、舒适，延长使用寿命，又能确保安全，减少维修费用。加强汽车日常的维护与保养是一件不容忽视的事情，需坚持不懈地做好，并养成良好的用车习惯。

一辆车是由上万个零件所组成的。随着汽车的使用，功能性组件的性能由于磨损、老化、腐蚀等因素而逐渐降低。在车辆正常行驶的情况下，这种变化逐渐发生在许多零件上。没有一辆车的使用情况是完全相同的，我们无法在检查的情况下预测到每个零件的磨损与老化情况。因此，很有必要对零件进行定期检查与保养，使车辆的性能恢复到最佳状况。

在行车前特别要注意车辆的刹车、方向及轮胎的技术性能，灯光、喇叭、后视镜的齐全有效，各种油料、冷却液、制动液都要保持正常等。这些都是驾驶员每次出车前应检查的，千万不能粗心大意、掉以轻心，一旦上路出了故障，将给自己带来不必要的麻烦，万一出了事故，后果将不堪设想。

日常维护的主要内容：做好车辆的日常维护与保养，其主要是坚持"三检"、保持"四清"和防止"四漏"。坚持"三检"即出车前、行车中、收车后检视车辆的安全机构及各部件连接坚固情况；保持"四清"即保持机油、空气、燃油滤清器和蓄电池的清洁；防止"四漏"即防止漏水、漏油、漏气、漏电，保持车容整洁。

二、车辆定期保养的周期

定期保养周期是一项繁杂的技术工作，要根据汽车的类型、结构、行驶条件，所使用的燃料和润滑油料的品质及保养质量等因素相应变化。通常的保养周期是以里程表上的读数或距上次保养的时间与使用条件来决定的。一般规定时间和公里数两个条件，达到条件之一后就要对某项内容进行保养。

保养日程表通常是由许多因素来决定的，例如，车龄、车辆的使用地点和车辆的用处。

如果车辆经常在非常恶劣的路况行驶，就需要对车辆进行比较频繁的保养。例如一汽大众新宝来 1.6 L 车型官方保养周期如表 2-1 所示。

表 2-1　一汽大众新宝来 1.6 L 车型官方保养周期

配件里程 /km	机油机滤	空气滤芯	汽油滤芯	空调滤芯	制动液	变速箱油	火花塞
5 000	—	—	—	—	每24个月	—	—
10 000	—	—	—	—		—	—
15 000	●	—	—	—		—	—
20 000	—	—	—	—		—	—
25 000	—	—	—	—		—	—
30 000	●	●	●	●		—	●
35 000	—	—	—	—		—	—
40 000	—	—	—	—		—	—
45 000	●	—	—	—		—	—
50 000	—	—	—	—		—	—
55 000	—	—	—	—		—	—
60 000	●	●	●	●		●	●

整车质保期为两年或 6 万 km（以先到者为准）

注：●需要更换；—无须更换

　　从一汽大众宝来官方手册上了解到，新宝来的整车质保为 2 年或 6 万 km（以先到者为准），1.6 L 车型建议每 1.5 万 km 进行一次常规保养，保养内容包括更换机油和机滤。在 6 万 km 内，建议汽油滤芯、空调滤芯及火花塞为每 3 万 km 更换一次，变速箱油为每 6 万 km 更换一次，空气滤芯的更换上，1.6 L 车型建议每 3 万 km 更换一次。

　　保养周期是由里程表上的读数或距上次保养的时间与使用条件来决定的。车辆在下列任何一个或多个条件下，应使用严荷条件的保养周期。

　　（1）拖有尾车或经常从事户外活动。

　　（2）在灰尘路、崎岖不平路、泥泞或含盐分的路面行驶。

　　（3）重复 32 km 内短程行驶。

　　（4）经常长时间怠速运转或低速长距离行驶。

三、车辆定期保养项目

　　汽车是个大的机械部件，它由众多小部件系统组成，这些配件的运行离不开油、液、水。常规的保养包括发动机保养、轮胎和刹车的保养，其他重要的常规保养是全车油水的定期更换，比如刹车液、水箱水、助力转向油、变速箱齿轮油等的定期更换。

表2-2给出了对车辆进行定期保养的时间。该表用公里和月数列出了需要进行检查、调整、润滑和其他保养的时间。如果车辆在恶劣的条件下进行驾驶，则需要适当缩短保养周期（请参考"在恶劣条件下的推荐保养"）。

注意：

本表包括了车辆行驶8万km以内的保养。如果车辆的行驶里程超过了8万km，按照相同的周期进行保养。

表2-2 长安铃木定期项目表

间隔：间隔根据里程表的读数和月数判断，以先到者为准		里程/(×1 000 km)	10	20	30	40	50	60	70	80
		月数	6	12	18	24	30	36	42	48
发动机	发动机附属驱动皮带	张紧度检查、调整、更换	—	I	—	R	—	I	—	R
	凸轮轴正时链		—	I	—	I	—	I	—	R
	气门间隙									I
	发动机油和发动机机油滤清器		R	R	R	R	R	R	R	R
	发动机冷却液		—	—	—	R	—	R	—	R
	排放系统（催化器除外）		—	I	I	I	I	I	I	I
点火系统	火花塞									
	使用无铅汽油时		—	I	I	R	—	I	I	R
制动系统	制动盘和制动块		I	I	I	I	I	I	I	I
	制动鼓和制动蹄片		I	I	I	I	I	I	I	I
	制动软管和制动油管		—	I	I	I	I	I	—	I
燃油系统	空气滤清器滤芯	水泥路面上驾驶	I	I	I	R	I	I	I	R
		灰尘较多的路面上驾驶	参考"恶劣条件下驾驶"章相关内容							
	燃油管路		—	I	—	I	—	I	—	I
	燃油滤清器					R				R
	燃油箱					I				I
排放控制系统	PCV阀门		—	—	—	I	—	—	—	I
	燃油蒸气排放控制系统		—	—	—	—	—	—	—	I

注："R"：更换；"I"：检查，必要时更换；"L"：润滑；"T"：紧固至规定扭矩。

任务二 车辆定期维护的服务流程

定期维护能保持车辆性能，保证在好的状态下运转，延长车辆的使用寿命。如果不及时进行针对性的保护保养，则会影响汽车的正常工作，还可能造成某些零部件的过度磨损，甚至导致严重的事故。因此，必须依据科学的保养方法和技术规范，定期或定里程对车辆进行保养，使汽车各部件始终工作性能良好，达到全寿命使用。

汽车品牌专营店或者汽车维修企业以一站式服务、互动式维护流程，极大地缩短了服务时间，从而保证提供优质的服务。

一、预约管理

（一）维修预约的分类

维修预约可以分为主动预约和被动预约以及网络预约。

主动预约是指现在有很多车主不懂得车的知识，他不知道什么时候应该做保养，更不知道车有没有故障。这时就可以根据掌握的客户档案，打电话给客户，了解其车的运行状况，为车主制订一套保养计划；然后在应该保养的时候提前通知车主，即进行预约；同时参考车间的维修量、工作负荷对客户进行合理的安排。这就是主动预约客户。

被动预约是指有些客户在开车时发现车的故障；或者他自己看车主手册，觉得应该到保养时间了，这时他为了节省时间，不想排队，就会打电话预约一个时间，以便维修中心能够在其到来之前准备好必要的工具、配件和工位，使其到店就能得到车辆服务。这是被动预约。

主动预约　　被动预约

【案例】

客户来预约的时候，时间安排非常重要。

一个维修接待员如果给第一个客户安排的预约时间是早晨9:00，由于企业规定每个客户接待时间最多15 min，那么第二个客户你应该安排在9:15？第三个客户安排在9:30？第四个客户安排在9:45？不对，第四个必须安排在10:00。为什么呢？必须留有15 min的应急时间，因为如果第一个客户的接待由于某种原因超过了5 min，相应的第二个客户也要推迟5 min，同样第三个也被推迟5 min，但是第四个却不受影响，这就能够很好地解决上述问题,特别是在早晨。

在安排的这 15 min 时间里面,最好能够节省 20% 的时间,即节省 3 min。如果每个接待都节省 3 min,两个就有 6 min 的空档,加上 15 min 的空档,就可以预留给紧急事件,应付那些没有预约的客户。如果是保养,工作相对简单,可以安排在短短的 6 min 来接待客户;对于那些问题比较大的客户,则可以安排在 15 min 的空档来接待。

(二) 保养预约的准备

预约之后,在预约时间到来以前,维修接待员或者维修接待员的助手必须开始准备工作,要把客户档案调出来,包括客户的信息、资料、维修档案都应准备好。要准备一个欢迎牌,上面写着客户的名字、预约时间、车牌号码,在第二天上班前摆在显眼处,这样客户来的时候就会很高兴。当然也有很多客户不喜欢在欢迎牌上写名字,这时可以只写一个姓,如"某先生""某女士",或者只写车牌号码。

此外,还应该打电话提醒客户约定的时间。到了接近预约时间时,还要打电话问客户是否能赶到?如果他说有事不能来,就应与其商量安排另外一个时间,这些都是在接待以前要做的准备工作。

(三) 预约管理的好处

1. 预约对客户的好处

预约对客户有什么好处呢?能够减少客户等待的时间。如果客户进行了预约,那么他一来就能够得到接待,不用排队,因此给客户提供了便利。为下一个环节留出充裕的接待时间,使客户能够获得比较好的维修建议,并且能够完成车辆的预检。服务顾问有充分的时间和客户建立良好的关系。现在的市场竞争愈发激烈,服务顾问应利用一切时间与客户建立良好关系。

2. 预约对企业的好处

维修预约对维修企业又有什么好处呢?有助于平均分配每天的工作量。平均分配每天的工作量,才不会导致早晨工作过于忙碌,而下午没有客户的情况出现;或者避免星期一到星期四非常忙碌,而星期五、星期六没活干的情况。另外,资源得以充分利用,而不被闲置。如果早晨大家很忙,但是到了下午却没什么事干,很多人都闲置,或者说周末没活干,就造成了资源的闲置。而预约可以很好地解决这些问题。

预约流程

（四）预约的工作流程（见图2-1）

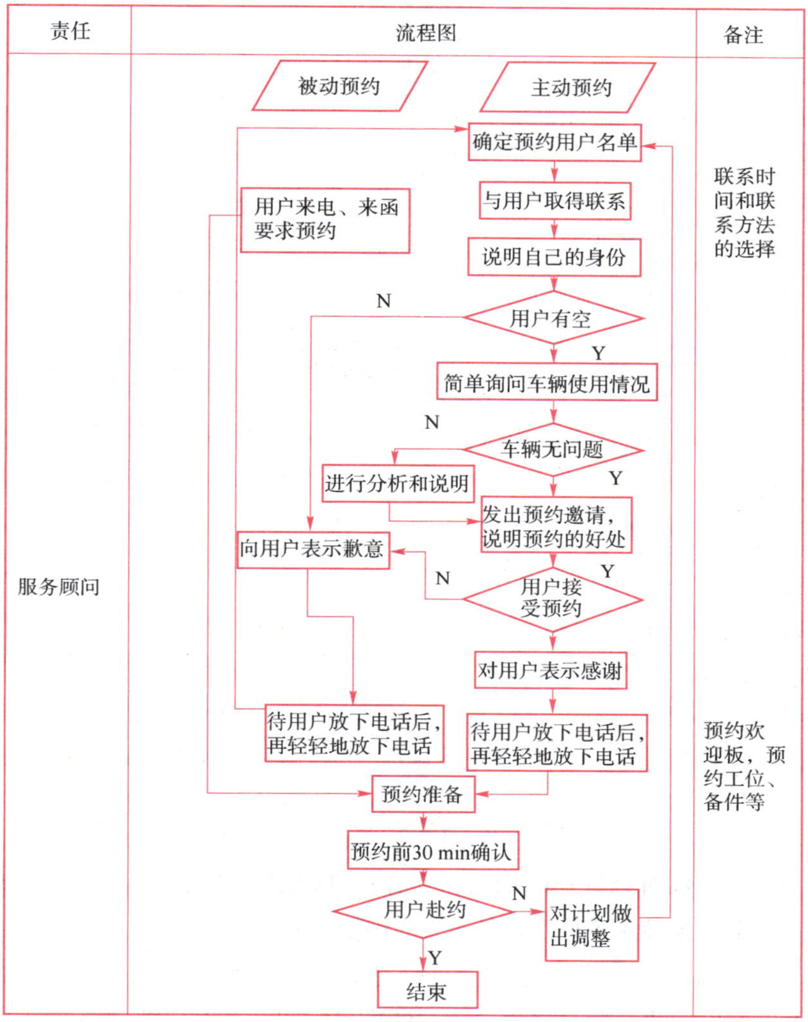

责任	流程图	备注
服务顾问	被动预约 / 主动预约 确定预约用户名单 与用户取得联系 说明自己的身份 用户来电、来函要求预约 用户有空 N/Y 简单询问车辆使用情况 车辆无问题 N/Y 进行分析和说明 发出预约邀请，说明预约的好处 向用户表示歉意 用户接受预约 N/Y 对用户表示感谢 待用户放下电话后，再轻轻地放下电话 预约准备 预约前30 min确认 用户赴约 N/Y 对计划做出调整 结束	联系时间和联系方法的选择 预约欢迎板，预约工位、备件等

图 2-1　预约的工作流程

（五）预约工作要点

（1）尽可能将预约放在空闲时间，避免挤在上午的繁忙时间及傍晚。预约车辆数应占维修车辆数的80%左右。留20%的车间容量应付简易修理、紧急修理以及前一天遗留下来的修理及不可预见的延误。

（2）将预约隔开（如15 min间隔），防止重叠。

（3）维修服务顾问应掌握自身企业的预约维修能力，优先安排返修、召回、保修、紧急维修和特殊客户。取消本次预约可优先列入下一预约计划中。

（4）预约工作以"预约服务登记表"（见表2-3）为依据，表中的内容应填写完整。

表 2-3　预约服务登记表

预约服务登记表				
专营店（地址）：				
服务热线：				
客户信息				
客户姓名：		联系电话：		车牌号码：
车型：		公里数：		上次进站日期：
预约信息				
预约时间	年　月　日　时　分		预约交车时间	年　月　日　时　分
客户描述：				
故障初步诊断：				
估计所需配件（零件号）、工时：				
估计维修费用估价：				
客户其他需求：				
	预约上门取车时间		年　月　日　时　分	
	预约上门交车时间		年　月　日　时　分	
取车人／交车人签名：			客户或交接人签名：	
备注：			服务顾问／回访员：＿＿＿＿ 年　　月　　日	

（5）若经销商处没有该客户的档案，在客户进行主动预约时应及时为客户建立档案；若已有该客户档案，则确认各项内容是否发生变更。

（6）对于提醒服务，客户进厂前 3 h 进行追踪。若客户超过进厂时间半小时仍未到达，服务顾问应及时与客户进行联系并确认到达的准确时间。若客户超过进厂时间一小时仍未到达，服务顾问与客户联系后取消本次预约，可优先列入下一预约计划中。

（六）如何引导顾客预约

（1）预约客户优惠（如赠送礼品、折扣）。

（2）利用各种与客户接触的场合宣传预约（如车辆售出时、接待没有预约的客户时、客户回访时）。

（3）预约的客户优先服务，并且保证按时交车。

（4）开展服务周活动时向客户宣传预约。

（5）在公司内悬挂预约宣传海报。

（6）设立预约欢迎看板（见表 2-4）（可用电子看板，在客户到来时显示以示欢迎）。

表 2-4　客户预约看板

客户预约看板					
车牌号	预约时间	预约联系人	客户经理	预约类型	状态
吉 A**	9：35	丁先生	王二	维修预约	已进店
吉 A**	10：20	李先生	赵三	快保预约	已进店
吉 A**	12：20	王先生	张三	快保预约	未进店
吉 A**	13：10	赵先生	李四	快保预约	未进店

（7）公司内部每位员工都可向客户宣传预约（如口头语："今天您预约了吗？"）。

（七）预约过程注意事项

（1）努力做到电话随时有人接听（预约电话铃声响 3 声内有人接电话），记录所有需要的信息和顾客对故障的描述。

（2）进行诊断，必要时向维修技术员或技术专家求助。

（3）告知顾客诊断结果和解决方法以及所需费用和时间。

（4）根据顾客要求和车间能力约定时间。

（5）告知顾客将由哪位维修接待员进行接待。

（6）及时告知维修接待员和备件预约情况。

（7）备件部门设立专用货架存放预约的备件。

（8）服务顾问负责监督预约的准备工作（委托书、备件、专家、技师和工位、设备/工具、资料）。

（9）如果不能履行预约，及时通知顾客并另约时间。

（10）前一天和一小时确认各项准备工作和顾客履约情况。

（11）预约顾客来时，维修接待员在场，并进行接待。

（12）尽量避免电话铃响 3 声之后无人接听或长时间占线。

（八）预约范例

步骤一：应答并自我介绍。

服务顾问："早上好，这里是丰田服务部，我是胡凡。"

顾客："我想给车做个保养，顺便修一下排气系统。"

步骤二：询问顾客的姓名和车辆详细情况。

服务顾问："当然可以了，能告诉我您的姓名以及车型吗？"

顾客："李京，车是我丈夫的，车型是××。"

服务顾问："没错，我想起来了，白色的佳美，2014 年的车型。"

顾客："对，就是它已经驾驶了 8 万 km，最近我丈夫发现排气系统开始出现噪声，他

认为需要换个后消声器，您能安排明天吗？星期五？"

步骤三：为顾客提供若干选调时间：星期几、几号。

服务顾问："非常抱歉，李太太，明天的预约已经满了，做保养和维修排气系统至少需要3 h，我们可以将预约安排在下周二、周三或周四的任意时间，您方便哪天来？"

顾客："排气噪声大恼人了，我想越快解决越好。您能周二上午维修，然后中午交车吗？"

服务顾问："好的。我们可以周二上午8：30开始工作，即使要更换整个排气系统，不单是消声器，到12：00时也可以将车辆备好。"

步骤四：如果可能的话，提供报价、保养、基本维修。

顾客："太好了，那就定在下周二上午吧。顺便问一下，价格是多少？"

服务顾问："8万km保养需250元（含零件、润滑油和工时费），更换后消声器需99元。如果需要更换整个排气系统需花费160元（含工时费），检查车辆后我将给您一个明确的报价。"

顾客："但愿只更换后消声器就可解决问题，那就将预约定在星期二吧。但是请您确认能准时交车，因为我两点有个约会，需要用车。"

步骤五：确认和顾客达成的协议，重复星期几、几号、时间和顾客的要求。

步骤六：确认是否需要为顾客提供交通工具。

服务顾问："我们确定能准时交车，那么，李太太我们将预约定在下周二，即8月31日上午8：30，为您做8万km保养并解决排气噪声问题，车辆维修将于中午12：00前完成。顺便问一下，需要为您提供交通工具吗？"

顾客："不用了，胡凡，我的朋友会来接我。"

步骤七：感谢顾客。

服务顾问："感谢您致电，咱们下周二上午8：30见。"

顾客："谢谢你，胡凡。再见。"

小贴士　总是要让顾客先结束通话（挂电话），礼貌职业化。

预约话术

1. 被动预约话术（电话铃声3声内接听电话）

客服：您好！感谢您致电×××客服部，我是×××，请问有什么可以帮到您？

用户：我想预约……

客服：请问您贵姓/怎么称呼？

用户：我姓……

客服：您好，×先生/小姐，请问您需要预约什么项目呢？

用户：××保养/维修。

客服：除此之外，您还有其他需求吗？

用户：没有啦（如果有其他需求及时记录并给予回应）。

客服：您准备哪天来呢？

用户：×月×日。

客服：我们在×月×日的××时段还有空档，您看可以吗？（先提出几个时间段引导顾客选择，如果没有顾客适合的，则需要尽量满足顾客需求，但要表现出我们是在尽力帮助他）

用户：可以。

客服：×先生/小姐，此次维修/保养（说出具体项目）预计需要××时间，预需要花费×元（时间和价格应适当报多一些）。

用户：……

客服：请问您的车牌号码和车型是什么？

用户：……

客服：请问您的车行驶里程是多少？

用户：……

客服：请问您的手机号码是多少？

用户：……

客服：×先生/小姐，在您的车辆过来做维修/保养前，我们的服务顾问会提前24 h和1 h与您确认的。请问我们如何跟您联系比较方便呢？

用户：打电话/发短信/邮件。

客服：请问您有没有指定的服务顾问或技师？

用户：……/没有。（没有时，客服回答：好的，我们帮您安排一下。）

客服：我再跟您重复一下此次预约的内容：车牌号、顾客称呼、预约内容、预约时间、预约服务顾问/技师、期望的联系方式等，您看对吗？

用户：没问题。

客服：非常感谢您的来电，并期待您的光临，祝您万事如意，再见。

2. 定期保养的好处

用户：定期保养有必要按厂家（说明书）的要求做吗？

服务顾问：保养非常重要，必须定期做！它可以延长发动机和车辆的使用寿命，如车辆行驶一定里程后，空滤会变脏，影响进气质量，就会损害发动机。

用户：保养就是换换机油、滤芯什么的吧？

服务顾问：保养可远不止这些，还包含四十几项检测和调试，在保养过程中会及时发现和解决车辆的隐患问题或不良状态，避免有些项目未来的大拆大卸，节省车辆的维修费用。重要的是保养能维持车辆良好的驾驶性能和安全性，生命安全可是最重要的啊！

用户：噢，保养是花今天的钱，省明天的钱！

服务顾问：还有，在二手车置换时，定期保养还可以使车辆增值……

任务工单

工单 2-1　首保预约

考核项目		定期保养中的主动预约—首保预约			
姓名			学号		班级
任务要求	<ul><li>准备并熟悉首保客户的资料</li><li>向客户介绍首保的意义，以及首保免费情况</li><li>提醒客户携带需要的首保凭证、保养手册等相关资料及证件</li><li>查看保养所需的资源是否齐备</li></ul>				
情景描述	客户：张先生　　　　　联系方式：13123456789 经销商：前进汽车销售服务有限责任公司 邀请预约进店时间：9月13日上午9:00 邀请进店原因：张先生6月13日在本店购买了新车，邀请客户做5 000 km的首次保养				
任务计划	人员分工	顾问：		客户：	
任务实施					
自我总结与反思					
自我评价					

工单 2-2 主动预约

考核项目	定期保养—主动预约				
姓名		学号		班级	
任务要求	<ul><li>正确拨打客户电话，预约客户的时间安排</li><li>明确客户的需求</li><li>和客户定好到店时间、保养项目、保养费用</li><li>提醒客户携带需要的相关资料及证件</li><li>查看保养所需的资源是否齐备</li></ul>				
情景描述	客户：张先生　　　　　联系方式：13123456789 经销商：前进汽车销售服务有限责任公司 预约进店时间：9月22日上午9:00 预约进店原因：3个月前客户在本店对车辆做1.5万km的保养，现在需要进行2万km的保养服务				
任务计划	人员分工	顾问：		客户：	
任务实施					
自我总结与反思					
自我评价					

工单 2-3 预约服务—被动预约

工单内容	定期保养—被动预约				
姓名		学号		班级	
任务要求	● 热情接听客户来电 ● 明确来电客户的需求 ● 和客户定好到店时间、保养项目、保养费用 ● 提醒客户携带需要的相关资料及证件 ● 查看保养所需的资源是否齐备				
情景描述	客户：张先生　　　　　联系方式：13123456789 经销商：前进汽车销售服务有限责任公司 预约进店时间：9月23日上午9:00 预约进店原因：客户最近打算出远门，要在出门前对其车辆做一次4万km保养				
任务计划	人员分工	顾问：		客户：	
任务实施					
自我总结与反思					
自我评价					

二、客户接待

接待是经销店给客户的第一印象,也是最重要的客户接触点之一,热情、专业是最重要的标签。服务顾问需要在整个接待环节中严格按照厂家的标准作业流程执行,充分体现出与社会修理厂的不同所在。客户来站修车,第一步迈进的是企业服务接待厅,第一个接触的是服务顾问,可见服务顾问给客户的第一印象至关重要。服务顾问对外是客户第一印象的部门,对内是车间、班组、备件仓库联系的中枢,在企业管理中处于指挥的中心,占有十分重要的地位,是非常关键的工作。

(一)服务顾问准备工作

(1)按工作计划检查客户预约登记表、客户任务委托书及相关资料是否准备好。

(2)准备好防护五件套(座椅套、方向盘套、脚垫、手刹柄套、拨杆套)并摆放整齐。

(3)准备好必要的文件资料和工具,如维修价目表、常见维修估价参考表、零件目录、价格目录。客户依约来维护车辆,发现服务顾问在等候他的光临,肯定会很高兴。服务顾问要有一个良好的形象,善于与不同的客户进行沟通,根据不同的顾客类型采取不同的沟通和接待技巧。

店面接待的流程规范如表 2-5 所示。

表 2-5 店面接待的流程规范

接待流程	操作规范
接待准备	检查仪容、仪表,保持服务顾问良好的职业形象; 按工作计划检查客户预约登记表、客户任务委托书及相关资料是否准备好; 准备好防护五件套(座椅套、方向盘套、脚垫、手刹柄套、拨杆套)并摆放整齐; 准备好必要的文件资料和工具,如维修价目表、常见维修估价参考表、零件目录、价格目录及质量保修工作指南等
接待客户	客户到店,迅速迎接并问候客户,1 min 内要有人出去迎接(很多店在出入口有自动识别系统,客户车辆到店,通过车牌识别反馈到服务顾问处); 问候客户并面带微笑,态度和蔼; 如果是预约客户,可以按如下回答: "您好,欢迎光临!您是来做 ×× km 保养的 ×× 先生/女士吧,我是服务顾问 ××,很高兴为您服务。" 如果是未预约的客户,接待客户打过招呼后,需先询问客户的要求,双手递交名片; "您好,欢迎光临!请问您今天来店是做保养还是维修?需要我为您做些什么?"
环车检查	当着客户的面,为车辆铺设安装清洁套件(至少包括座椅套、地板罩、方向盘罩等); "为了保障您的利益,车辆进厂前您方便和我共同确认一下车辆和贵重物品的情况吗?" 征求客户同意,进入车内检查车辆内饰、控制部件,记录接车检查单的各项内容、行驶里程数及油表位置; 确认客户是否更换保留换下了的旧件,并记录; 与客户沿顺时针方向对车辆外观进行检查,发现额外的维修项目,应及时记录并询问客户是否需要维修
确认顾客需求	向客户复述保养及维修项目,确认无误后,让客户在"接车问诊表"上签字确认

（二）接待工作

（1）接车时及时填写客户及车辆的详细信息，并在任务委托书上记录客户车辆的故障信息及要求。

（2）检查车辆，确认客户指出的问题，并检查车辆是否还有其他安全问题。

（3）服务顾问在预检时如无法检测具体情况，填写故障信息，再由车间帮助诊断。

（4）服务顾问与客户共同确认车辆外观并请客户确认签字。

（5）检查车内物品，以及内饰是否有损伤，并提示车主保管好贵重物品。

（6）接车过程中如果有车辆方面的其他需求，服务顾问应该及时记录在接车检查单上。

（7）接车过程中，如果需要用诊断设备检查，并有检测费用，应与客户沟通好后，再在检查单上写清楚，请客户确认。

（8）建立或查询客户和车辆信息，了解客户车辆的历史情况，及客户预约登记表。

（三）客户类型分析

1. 情感关系导向类型

情感关系导向类型的顾客，注重人际交往，更注重熟客的感觉。因此，服务部门应该由顾客认识的服务顾问去迎接顾客，经常称呼顾客的姓名，预约通道树立欢迎板。

客户接待流程

2. 性价比导向类型

性价比导向类型的顾客，和第一种顾客比，更注重实际价值。因此，服务顾问应该自始至终强调服务和维修的好处。

3. 时间导向类型

时间导向类型的顾客，更注重便利性，因此，应该为顾客提供更大程度的方便，确保经销商人员尊重顾客的时间安排，并付诸实践。

（四）环车检查

1. 环车检查的目的与意义

环车检查是对车辆外观、内饰、服务内容进行确认的过程，是避免纠纷、保证维修质量的前提。因此服务顾问在接车过程中：

（1）与客户进行详细沟通，进一步明确车辆的详细状况。

（2）应当明确客户的主要维修项目，记录所有维修项目。

（3）记录车辆以前的损伤情况，记录所有已经遗失或损坏的部件，发现额外需要完成的工作（顾客没有发现的问题）。

（4）提醒顾客存放/带走遗留在车内的贵重物品。

售后服务接车单如图 2-2 所示。

售后服务接车单

车牌号：　　　　　　　　VIN：
行驶里程：　　　　公里　　来店时间：　　年　　月　　日

顾客描述：

诊断：

　　　　　　　　　　　　　　服务顾问：　　　　主修：

建议：

　　　　　　　　　　　　　　服务顾问：　　　　主修：

车辆外部确认

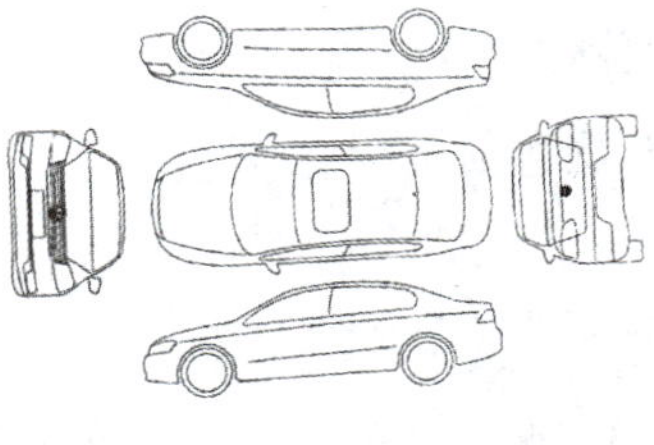

○ 划伤　　功能确认　　　物品确认
□ 擦伤　　□ 天线　　　　□ 备胎
◇ 碰伤　　□ 音响　　　　□ CD碟
△ 凹陷　　□ 点烟器　　　□ 磁带
◎ 脱落　　□ 四门升降器　□ 随车工具
　　　　　□ 天窗　　　　□ 灭火器
　　　　　□ 后视镜　　　□ 千斤顶

洗车　　□ 是　　□ 否

贵重物品自行保管。
燃油：　0　　1/2　　1　　　　　顾客确认：
服务顾问确认：
　　　　　　　　　　　　　　　　顾客联系电话：
第一联维修存档（第二联交顾客）

图 2-2　售后服务接车单

2. 环车检查的步骤（见图2-3）

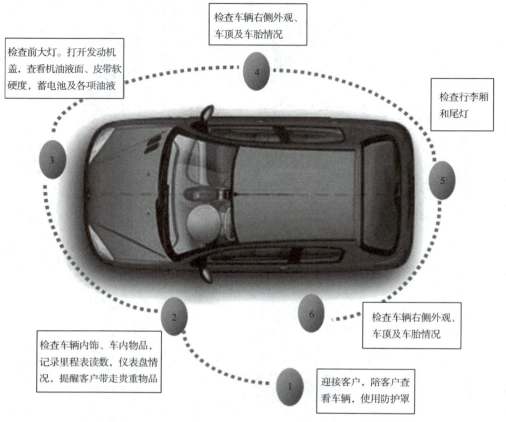

图2-3　环车检查图

第一步：左前门。

（1）左前车门、左前叶子板外观有无划痕。

（2）左前部位内饰、座椅有无破损。

（3）登记公里数、油表、空调温度、收音机、门锁及车门铰链。

（4）开启前机盖，检查左前轮胎、钢圈有无破损及磨损情况。

第二步：发动机舱。

（1）检查发动机在怠速、中速、高速运转时是否正常（异响）。

（2）检查发动机舱内各种液位及消耗污损情况（机油、刹车油、助力转向油、防冻液、风窗清洗液）。

（3）检查发动机舱内各种附件是否齐全。

（4）检查前机盖锁是否正常以及前机盖是否有划痕、前风挡玻璃是否破损。

（5）检查前保险杠漆面是否完好。

第三步：右前门。

（1）检查右前轮胎及钢圈有无破损及磨损情况。

（2）检查右前部内饰、座椅有无破损。

（3）检查右前门锁、车门铰链是否正常，右前叶子板、右前门有无划痕。

第四步：右后门。

（1）检查右后门、右后叶子板有无划痕。

（2）检查右后部内饰、座椅有无破损。

（3）检查右后轮胎及钢圈有无破损及磨损情况。

第五步：后备厢。

（1）检查后备厢是否有划痕、后备厢锁及铰链是否完好。

（2）检查后风挡玻璃是否破损。

（3）检查备胎是否完好，以及胎压及磨损情况。

（4）检查随车工具是否齐全、完好。

（5）检查后备厢内贵重物品（登记，提醒客户随身携带）。

第六步：左后门。

（1）检查左后门、左后叶子板是否有划痕。

（2）检查左后轮胎和钢圈有无破损及磨损情况。

（3）检查左后部内饰、座椅有无破损。

3.环车检查工作规范用语

（1）环车检查前"为您仔细检查一下""请您稍等""麻烦收好您的贵重物品"。

（2）"先生，除了××公里保养，刹车异响。请问还有别的问题吗？"

（3）"为了您驾车方便，我要对您的车内各项功能进行检查，例如检查空调、音响是否正常运行。"

（4）环车检查后"这是接车检查结果，请您核对下。"

（5）"这是本次保养任务委托书，请您过目。"

（6）"您的车我们已经送到维修车间，请您放心，我们会按照约定时间帮您保养好。"

（7）"您好，请问车上物品需要我们代为保管吗？"

（8）"先生，这是您的估价单，请过目。"

4.附件

场景一：服务接待大厅门口（A先生驾驶车牌号为赛×。2015年奥迪轿车驶入服务通道，服务接待前台××马上开门迎接）

服务顾问：您好，是预约的杨先生吗？

客户：是的。

服务顾问：欢迎来到奥迪服务中心，您是来做3.5万km保养的吧？

客户：是的。

场景二：服务接待台（由服务顾问和客户介绍，由服务顾问接待客户）

服务顾问前台：小李，这是客户杨先生，来为爱车做3.5万km保养。

服务顾问：杨先生您好！我是服务顾问李想，这是我的名片，13:30我已经为您爱车今天13:30的保养做好了充分准备，我们将用10~15 min的时间做接车准备，可以吗？

客户：好的，可以。

场景三：客户车辆处（由服务顾问小李，携带接车单、三件套，与客户前往车辆处进行初检，当着客户的面铺装好三件套。）

服务顾问：杨先生，我先为您的爱车铺装保护三件套，防止车辆被弄脏，再与您共同确认车辆的外观，您看可以吗？请您携带好保养手册、行驶证，保管好随身贵重物品。

客户：好的。

服务顾问：为了确保您车上内部功能的正常使用，我们一起做一下内部功能确认。

客户：好的。

服务顾问：您的行驶里程是3.5万km，油量剩余在1/2的位置。（检查音响、雨刷、灯光、空调等）

服务顾问：杨先生，您的爱车内部功能件保护得很好，我们一起检查一下发动机舱。

客户：好的。

服务顾问：杨先生，您看机油已经很脏了，及时更换机油可以减少发动机的磨损，延长使用寿命。其他的油液面维修师傅会帮您进行进一步检查，如果有缺少会帮您免费添加更换。

客户：行。

服务顾问：现在我们开始检查车辆外观。

服务顾问：王先生，看来您平时用车挺仔细啊，漆面完好。

服务顾问：王先生，现在我开始检查一下您的备胎和应急工具，让我们开一下后备厢。

服务顾问：王先生，您的备胎和应急工具都没有问题，如果在您以后的行车过程中出现问题，您可以拨打我们的紧急救援电话，我们可以随时为您服务，你看一下后备厢有什么贵重物品要随身携带吗？

客户：没有了。

服务顾问：杨先生，现在咱们一起去前台开单，您这边请。

任务工单

工单 2-4　店面接待与接车检查

考核项目	售后服务接待流程—店面接待与接车检查				
姓名		学号		班级	
任务要求	● 掌握接待礼仪 ● 资料准备充分 ● 接车检查沟通恰当 ● 接车检查规范				
情景描述	客户：张先生　　　　　　联系方式：13123456789 经销商：前进汽车销售服务有限责任公司 进店时间：9月13日上午9：00 进店原因：张先生应客服专员邀约，来本店做2万km保养				
任务计划	人员分工	顾问：		客户：	
任务实施					
自我总结与反思					
自我评价					

三、估价制单

估价制单是汽车售后服务核心流程中的重要环节,在车辆定期保养过程中,服务顾问完成客户接待及车辆环车检查环节后,需要及时告知和解释客户维修保养所需费用、保养所需时间、客户等待时间以及店面相关优惠项目和免费项目。对于客户提出的相关问题进行解答。估价制单流程及操作规范如表 2-6 所示。

表 2-6 估价制单流程及操作规范

服务流程	操作规范
引领客户前往工作台	车辆检测结束后,服务顾问引领客户前往工作台,引宾落座拐弯或有楼梯台阶的地方应使用手势,并提醒客人"这边请"或"注意楼梯"等
制作派工单	将客户维修保养项目录入 DMS 系统,查看配件库存,并打印估价、派工单及条形码,核实并维护客户信息及车辆档案
解释保养费用及时间	向客户说明收费情况: "×先生/女士,您好!这是您的任务委托书,上面所列的就是本次保养服务的所有项目,请您看一下。 本次保养的费用包括 ××km 保养的工时费 ×× 元,机油和机滤配件费 ×× 元,合计是 ×× 元。" 如果店里有优惠活动,服务顾问应和客户说明优惠活动的项目: "您好,先生,最近我们店里有优惠活动,您将享受八折优惠。" 如果备件不能准时供应,则服务顾问要向客户介绍,告知配件所需的供货时间。 "对不起,先生/女士,本店 ×× 配件暂时缺货,需要紧急调配,大约需要 30 min,请您耐心等待。" 为客户说明维修保养所需的时间。 "先生/女士,整个维修保养作业大约需要 1.5 h。"
请客户在修理单上签字确认	将任务委托书双手呈给客户,递送时应将修理单的正面朝向客户。 "先生/女士,本次维修保养的任务委托书,如果您觉得没有问题,请您在维修单上签字。" 待客户签字后,将一份修理单副本交给客户,作为取车凭证
询问客户是否在店等待	递送名片,询问客户是否在店等待。 "先生/女士,我叫 ××,这是我的名片,您有什么问题可以及时联系我。车辆保养时,您在店内等待吗?" 如果客户选择在店等待,则把客户领到休息区。 如果客户不在店等待,则礼貌恭送客户。 "先生/女士,感谢您今天来店保养,车辆保养完成后,我们会及时通知您,再见!"

（一）注意事项

估价制单流程

（1）服务顾问在预约时间的前一天审核所有的预约客户服务信息，留意顾客的特别需求，如召回、维修及顾客类型。

（2）服务顾问确保更换的配件有货，如有可能提前准备出来，以便提供最高效的服务。

（3）预约客户的名字会显示在预约通道牌上，以示欢迎。

（4）服务顾问保证预约客户需要的配件按时供应，并准备好可能需要的代步工具。

（5）服务技师随时待命，以便能在第一时间诊断预约维修客户的车辆。

（6）预约客户信息和车辆维修信息确认后，不要再次询问客户。

（7）服务顾问询问客户预约电话中没有问到的维修技师需要的额外信息，向非预约客户询问与修理要求相关的一系列问题，然后输入系统。

（8）服务顾问向客户提供一份维修工单副本，包括预计的时间、费用和顾问的联系方式等信息，请客户签字确认。

（9）服务顾问询问客户在车辆维护期间期望使用什么联系方式，包括短信、电子邮件和电话；如果客户选择的联系方式已经在文件中标明，再次确认。

（10）应客户要求向不愿意等候的客户提供代步交通工具（出租车、往返接送汽车、代步车），预约客户的代步交通工具需先确认是否可以提供，再安排。

（二）任务委托书

委托维修派工单（任务委托书或维修委托任务书）是客户委托维修企业进行车辆维修的合同文本。委托维修派工单的主要内容有客户信息、车辆信息、维修企业信息、维修作业任务信息、附加信息和客户签字。客户信息包括客户名称和联系方式等，车辆信息包括牌照号、车型、颜色、底盘号、发动机号、购车日期等，维修企业信息包括企业名称、电话和业务接待姓名等，如表2-7所示。

表 2-7 任务委托书

任务委托书							
客　户：							
地　址：			委托书号：				
联系人：			送修日期：				
电　话：		移动电话：	约定交车：				
牌照号	颜色	底盘号	发动机号	万公里	购车日期	旧件带走	是否洗车
						是□ 否□	是□ 否□
车型			付款方式			油箱	满 1/2 空
生产日期			客户描述				
维修项目							
项目代码	项目名称		工时费	工时	性质	主修人	项目属性
小计							
维修增项							
项目名称		工时费		性质	确认方式		客户签字

预估费用合计：　　　　　　　　　　　　　　　注：客户凭此委托书提车，请妥善保管

检查员：_____　　机修：_____　　钣金：_____　　油漆：_____

站长：

地址：　　　　　　　　　　　　　　服务顾问：

电话：　　　　　　　　　　　　　　制　单：

说明：24 h 救援电话：0431-8575××××

开工时间：　　时　　分　　　完工时间：　　时　　分

质检开始：　　时　　分　　质检完成：　　时　　分　　交车时间：　　时　　分

维修作业信息包括进厂时间、预计完工时间、维修项目、工时费和预计配件材料费。

附加信息是指客户是否自带配件（某些品牌的专营店不准自带配件）、客户是否委托企业处理换下的旧件等，上述内容都需要同客户做一个准确的约定，并得到客户的确认。客户签字意味着对维修项目、有关费用和时间的认可。

(三)附件

场景一:接车制单台(由服务顾问小李,携带接车单,打印任务委托书,与客户确认。)

服务顾问:您这次做的是3.5万km的保养,对吗?

客户:对。

服务顾问:还有其他问题吗?

客户:没有了,让技师帮我看看还有没有其他方面的问题。

服务顾问:这个您放心,技师会进行全方面检查的。

客户:好的,谢谢。

服务顾问:杨先生,旧件需要为您保留吗?

客户:帮我放在后备厢里吧。

服务顾问:咱们常规保养大约需要1h,现在是两点,大概三点左右可以提车。

客户:能快点吗?

服务顾问:我们争取快一些,但不能为了快疏忽我们的服务。在车辆维修过程中,我会随时通知您车辆的状态,如果您要在这等,我们休息室的显示器上也会更新车辆的状态。

服务顾问:杨先生,您是在这等吗?

客户:我就在这等会儿吧。

服务顾问:杨先生,这一次是3.5万km的常规保养,这样既可以保护发动机,延长发动机使用寿命,还能够减少噪声、降低油耗。

服务顾问:这次保养需要更换机油一桶是438元,还需要更换机油滤芯和油底垫片是112元,配件合计是550元,工时费是440元,总共是990元。您确认下?

客户:嗯,可以。

服务顾问:王先生,关于费用的说明您还有不清楚的吗?

客户:没有了,都很清楚。

服务顾问:您等会儿是现金结算还是刷卡结算?

客户:我刷卡吧。

服务顾问:您在这签一下字。

客户:好的。

服务顾问:杨先生,我现在带您去休息室。

客户:好的。

场景二:休息区(服务顾问带顾客来到休息区)

服务顾问：杨先生，这是我们的客户休息区，这边是卫生间；可以上网，这边还可以看电视。这是我们的客户专员小王，小王这是我们的客户杨先生，杨先生如果您有什么需要可以直接和小王说。杨先生您先休息一下，我去帮您安排车辆维修事宜。

服务顾问：我将杨帆先生车辆的维修保养工作就交给你啦，备件部已经准备好了备件，你看一下任务委托书，是否有不清楚的地方？（与维修工的谈话）

服务顾问：杨先生，您好，在咱们技师对您的爱车进行保养的过程中，发现您的刹车片过薄，需要更换，更换之后既可以提高刹车性能及安全性，又能保护咱们的刹车盘不会磨损。

客户：一定要换吗？

服务顾问：现在不换也可以，不过会对您的行车安全带来隐患，所以建议您尽早更换。

客户：好吧，那就一起换了吧。

服务顾问：一对儿后刹车片是932元，工时费是240元，咱们这都是原厂配件，质量您可以放心。

客户：好的，没问题。

服务顾问：那我再打印一份新的工单，来找您签字。

客户：好。

服务顾问：那您先在这里休息，我马上回来。

服务顾问：我来和您说一下，我们这车还有 20 min 就完工了，不会超过预估的时间，到时候麻烦您准备一下，咱们一起去验车。

客户：好的，麻烦快一点。

服务顾问：您放心，我都帮您盯着呐。

 **任务工单**

工单2-5　估价制单

考核项目	售后服务接待流程—店面接待与接车检查				
姓名		学号		班级	
任务要求	● 向客户正确介绍本次保养项目 ● 按要求制作任务委托书 ● 向客户解释保养项目及价格 ● 请客户签字确认				
情景描述	客户：张先生　　　　　联系方式：13123456789 经销商：前进汽车销售服务有限责任公司 进店时间：9月13日上午9:00 进店原因：张先生应客服专员邀约，来本店做2万km保养				
任务安排	人员分工	顾问：		客户：	
任务实施					
自我总结与反思					
自我评价					

四、客户关怀

客户休息区是 4S 店最具特色的地方,也是最容易被忽视的地方。客户休息区的服务质量如何,将直接决定客户对这家店的印象。细心周到的服务让客户在车辆进行维修保养的同时身心也得到放松。客户关怀操作规范如表 2-8 所示。

表 2-8　客户关怀操作规范

服务流程	操作规范
询问客户是否在店等待	递送名片,询问客户是否在店等待。 例如"×先生/女士,我叫××,这是我的名片,您有什么问题可以随时联系我。请问车辆保养时您在店内等待吗?" 如果客户选择在店等待,则把顾客引领到休息区。 如果客户不在店等待,则可以根据客户的需求,为客户提供服务。 如果客户活动区域在市区内,则可以为客户提供替换车或者租赁车服务。(替换车一般为新车上市车型) 例如"×先生/女士,感谢您今天来我店保养,店里可以为您提供替换车服务……" 如果客户离店后不方便再次来店,服务顾问可建议客户接受取送车业务,并引导填写取送车业务登记表
引导客户到休息区	引导客户至对应休息室,主动跟客户打招呼,引导客户就座。 例如×先生/女士,您好!我是客休专员××,您这边请! "×先生/女士,请问您需要饮品吗?我们这里有果汁、茶、咖啡……免费供应。"
休息区服务介绍	向客户介绍休息室的服务内容及设施(包括茶点、电视、报纸、杂志、儿童活动区、免费客餐及上网服务等) 例如"×先生/女士,我们休息区的按摩椅在二楼的入口处,您可以使用。"
告知客户能看到车辆维修状况的地点	为客户介绍透明车间管理系统,客户能通过透明车间管理系统看到自己的车辆修理全过程。 例如"×先生/女士,这是我们店透明车间管理系统,您可以通过透明车间管理系统看到您车辆维修的全过程。" 有些店没有透明车间管理系统,店里客户休息区和车辆维修区有个透明玻璃,客户通过玻璃可以观察车辆维修过程。 例如"×先生/女士,您在这里可以看到您车辆维修的全过程,如果您有什么问题,可以随时联系我。"
送客户离开客休区	服务顾问通知客户车辆维修完成,起身微笑送别客户。 例如"您慢走!"

（一）接待礼仪——陪同

1. 去休息区

（1）陪同前往。按照引导礼仪引导客户到达服务区。

（2）提供饮料等服务。询问客户的饮用需求，例如选择矿泉水或者饮料。

（3）告知在服务区能进行什么活动。例如电脑、报纸、健身器材等。

（4）提醒服务员关注客户。

（5）向客户介绍在服务区的什么地方可以看到自己的车辆维修。

2. 去维修区

（1）礼仪同前。

（2）告知须知安全、行走规则，避免出现意外情况。

（3）如客户需要与维修技师交流，引见客户同维修技师认识。

3. 去展示区

（1）引导前往。

（2）介绍布局及产品。

（3）询问需求。

（二）时间和费用情况沟通

1. 预估费用正常

当预估费用正常时，不用和客户沟通，待交车前告知即可。

2. 超出预估费用

（1）客户在现场。前往客户与之沟通，解释原因，并可领其查看，客户同意后，继续修理。

（2）客户不在现场。电话沟通，如没接，隔一段时间再打，期间维修等待，如客户同意，继续维修，并明确记载下来。如果不同意，那么将建议额外的工作记录在客户的工单和客户的档案中。

3. 时间不超预期

（1）客户在现场。前往客户与之沟通，告知可以按时交车。

（2）客户不在现场。电话沟通，如没接，隔一段时间再打，通知其可以按时取车。

4. 时间超出预期

（1）客户在现场。前往客户与之沟通，解释原因，并可领之前往。

（2）客户不在现场。电话沟通，如没接，隔一段时间再打。客户同意前维修继续。

（3）服务状态信息交流。

①维修进展。将维修情况及时告知客户，每小时至少查看一次，并将情况至少汇报一次。

②可视化发布。将维修情况记载在目视板上及计算机系统中。作为维修状态显示，让客户掌握维修情况。

（三）与客户展开交流获取信息

询问客户意见（维修项目改动）：

针对不同类型的客户采用不同的方式。

（1）情感关系导向类型。客户在休息区时，经常询问他们的需求并确保他们满意。请一位管理人员与客户见面，并把该客户作为最重要的顾客之一向管理人员介绍。

（2）性价比导向类型。讨论预估费用的变化时务必让客户了解这仅仅是估计（保养项目除外），我们的维修服务水平是一流的，配件是厂商原配的。

（3）时间效率导向类型。

①告知我们的维修技师是经受过专业培训的，严格按照工作流程工作，确保维修质量。

②询问客户其他意见（获取额外信息）。在与客户交谈时及时捕捉客户的其他信息，如爱好、习惯、客户的其他朋友的情况，作为新的信息资源，为扩大新的客户的第一手资料。

③引领客户购买其他商品（展示区）。客户的需求就是我们的任务，在客户有需求的情况下，尽可能地扩大销售。一是针对客户对需求的喜爱，有重点地推销商品；二是通过前面的沟通，向客户建议购买。

④告知客户行驶及保养注意事项。针对客户驾驶情况，有针对性地提供建议，提供该类型车辆的驾驶技巧和保养方法。

任务工单

工单2-6 客户关怀

考核项目		售后服务接待流程—客户关怀				
姓名			学号		班级	
任务要求	\● 掌握服务接待礼仪 \● 根据客户要求合理安排 \● 提示客户将会根据工作进程与客户沟通 \● 提示服务区服务专员,该客户是本店的重要客户					
情景描述	客户:张先生　　　　联系方式:13123456789 经销商:前进汽车销售服务有限责任公司 进店时间:9月28日上午9:00 进店原因:客户张先生来店做保养,在保养过程中,客户在店等待					
任务计划	人员分工	顾问:		客户:		
任务实施						
自我总结与反思						
自我评价						

五、质量控制

质量控制是汽车售后服务核心流程的重要环节,是保证客户车辆维修保养质量的前提。

(一)标准流程

质量控制操作规范如表2-9所示。

表2-9 质量控制操作规范

服务流程	操作规范
派工	服务顾问将车钥匙交给车间主管,并将车开进车间,驾驶车辆进入维修车间。 根据企业实际情况进行派工,将任务委托书交给车间主管,说明维修情况及时间要求。 车间主管查看任务委托书,了解各项服务项目,并查询计算机系统里的配件储存情况,了解需要仓库领用的零件
监控维修进程（增补项目说明）	维修工作延迟时应说明修正的交车时间以及延迟的原因。 追加维修工作时应说明追加工作的必要性（从安全和经济的观点考虑）,如果交车时间延迟,要说明更改后的时间以及需要追加的费用
增补/更新派工单	根据联系结果,更改派工单并向客户出示确认。 将客户同意的维修增项作业内容通知车间主管,以保证维修作业正常进行。 客户不同意新增和建议的维修项目,服务顾问在维修工单上记录并请客户签字确认。 如果客户不在现场,则应电话征求客户同意,并做好电话记录
质检	质检员是否针对不同类型的项目进行了不同的总检项目; 质检员检查保养操作是否缺项、是否完全到位; 质检员检查是否产生新的故障; 质检员检查车辆内外是否清理; 质检员检查是否对车内外产生表面伤害; 质检员检查旧件的存放方式和位置; 质检员是否按洗车单要求及时安排洗车,并通知服务顾问

(二)维修进度的监控

1. 维修进度板

通常来说,标准的4S店都有一个维修进度板,上面会有技工的姓名、工种、时间等。可以把一个磁条根据时间的长短剪出来,例如一个工作需要两个工时,就把磁条剪了贴在上面。然后,下面摆上委托书,再标上标号,如日期、负责人、工时等。

2. 在维修进度板上安排工作

在维修进度板上安排工作时，两项工作之间必须间隔 15 min，作为应急的时间。应急的时间是应对那些没有经过预约、突然闯进来的，或者突然回来要进行返修的，或者有些紧急维修工作的客户。

3. 维修进度板的更新

维修进度板要及时更新。每件工作完成后必须更新上面的磁条，如果不及时更新，维修进度板的信息就不准确，也就失去了它的作用。维修进度板能够使我们一目了然地了解车间的工作负荷和维修进度，因此经销商要重视维修进度板。

质量控制操作流程

（三）与车间的沟通方面

1. 每次进入维修车间时都要沟通

当服务顾问进入维修车间时，必须查看车辆维修到什么程度；然后再跟技工沟通，确定具体问题，并确定是否能够正点完成工作任务；跟调度沟通，是否还可以承受加进来的维修任务等。这些都是和车间沟通的内容。

当客户告诉我们要维修什么，也填写了委托书，但是对这个维修又有特别说明时，必须直接跟车间调度或者车间主任、技工去沟通。例如客户说："你修完这个以后，顺带帮我紧一紧螺丝。"这些都是客户的特殊要求，这时就必须跟技工沟通。

2. 追加的维修项目或者服务

维修过程中，如果发现某个部件应该修理，征得客户同意后，需要报价；如果客户不同意，也要把客户不同意确认追加的维修项目或者服务登记下来。

（1）确认预检中追加的项目或者服务。确认预检中追加的项目或者服务时，要经过诊断，而且要把价格，例如零件费、工时费等都跟客户说清楚，请客户确认。

（2）确认客户自己追加的项目或者服务。确认客户自己追加的项目或者服务时也要把价格、零件等和客户说明，同时还要告知客户，由于追加项目会导致交车期延迟。

在维修过程中，如果维修工发现有额外的地方需要维修，应该向客户提出建议。例如由于拆某个部件会影响到其他部件时，可能要进行额外维修。或者客户要求更换后刹车片，可是把后刹车毂拆下来后，又发现里面的油封有漏油的情况，这时就要向客户建议额外的维修。如果客户已经离开，可以通过电话告知客户，无论客户同意或者不同意，都必须写下来，然后写上时间；如果客户在休息室里，就可以直接请客户签字确认。

此步骤就是监督工作的进程,主要体现在两方面:

(1)完工时间。对于完工时间,在部门间的协作规定中,应该有规定:维修师根据工单的完工时间推算,如果不能按时完工应及时提醒服务顾问。当天取车的至少提前半小时说明,隔天取车的最好提前一天说明。服务顾问也应该根据工单表明的完工时间,及时向车间控制室询问工作进度。如果不能按时交车,应主动提前向客户说明原委并致歉。

(2)估价单。对于在车间检查出来的各种问题,服务顾问必须搞清楚几个问题:

①隐形故障发生的原因,即为什么这个配件会有问题,以及此故障现在的实际损害程度。

②此隐性故障在现在或者将来可能会对客户本人或者客户车辆有怎样的损害。

③维修此故障需要花费客户多长时间及费用。

④如果估价单有很多隐性故障,就需要服务顾问本人来替客户甄别哪些故障是现在必须修理的,哪些是暂时不用修理的,等等。最好把各个故障到底是怎么回事,以及损害的程度一一向客户说清楚,由客户定夺。

(四)增项话术

1.刹车油(用户疑虑:我的车公里数不多,24个月也一定换刹车油吗?)

服务顾问可以从以下几个方面说服用户:

刹车油的作用是将施加于制动踏板的力量传递到各个制动钳,实现制动效果。良好的刹车油使用性能是保证安全行驶的前提条件;制动时会有少量的空气进入制动系统,刹车油里会进入灰尘变脏,致使油液变质;刹车油又有很强的吸湿性,空气中的水分不可避免地被刹车油吸收,时间长了会使刹车油含水量升高,降低制动效果;变质的刹车油容易腐蚀刹车系统中的密封橡胶件,造成泄漏,也会造成安全隐患;刹车油在高压和高温的环境下工作会加剧其老化的速度,时间长了就导致制动液的沸点变低,因此有可能使制动液沸腾而导致刹车失灵;刹车油属于化工原料,有一定的保质期限,即使不用也会过期变质;4S店换刹车油是技术精湛的维修技师使用专用工具VAG5234来进行操作,外面修理铺人工操作可能会导致刹车总泵缺油,空气进入总泵而导致刹车失效或刹车油路气阻的现象,严重影响行车的安全;更换刹车油的好处:刹车油一桶 x 元,工时费 x 元,合计 x 元,如此少的花费,就能保证良好的制动效果,提高安全性,避免事故隐患,延长刹车系统的使用寿命。

2.刹车片(用户疑虑:为什么要换刹车片?汽配市场的刹车片很便宜,在那里换不行吗?)

服务顾问可以从以下几个方面说服用户:

刹车片工作原理:踩下刹车时,刹车分泵挤压刹车片使之与刹车盘摩擦,达到行车制动或减速的目的,在制动过程中,刹车片不可避免地被磨损,达到使用极限时需要及时更换。刹车片的使用寿命与车辆的运行情况（城市道路、山路等）、驾驶习惯、车载质量等具体情况有关。前轮驱动的车辆前刹车片实施的制动力大于后刹车片，所以磨损得相对较快。当刹车片厚度低于7 mm（含背板厚度）或刹车片磨损报警就要尽快更换刹车片。

不及时更换刹车片的危害：不及时更换会造成刹车片的钢板部分摩擦刹车盘，从而损坏刹车盘，不仅增加了更换刹车盘的维修费用，而且制动距离变长，有安全隐患。制动盘被钢板摩擦过热还可能导致制动失效，严重影响行车安全。更换新刹车片后可以在紧急制动时保证最佳的制动力及ABS系统正常工作，安全行车有保障，避免交通事故的发生。建议用户在4S店更换：4S店安装的刹车片是一汽大众经过质量监督认证的原装正品，是严格按照规范操作流程、使用专用工具拆装的，而且换完以后还要经过制动力检测，合格以后才可以交车。非原厂刹车片，不是"过软"就是"过硬"，"过软"就会加快磨损速度，需要经常更换，费时又费钱。"过硬"会造成刹车盘及刹车鼓划伤或产生噪声，增加维修费用的同时还会在下长坡或长时间制动时出现温度过高导致制动失效，存在极高的安全隐患，非原厂刹车片的刹车距离比原厂正品多30%，那是相当危险的。原厂刹车片的寿命是副厂件的好几倍，制动距离短，行车安全有保障。所以，建议用户在4S店更换刹车片。

3. 解释维修时间长（用户疑虑：在4S店做维修保养时间太长了，没有外面修理厂节省时间。）

服务顾问可以从以下几个方面向用户做出解释：

①4S店做保养与外面修理厂简单地换油完全不一样，除正常换件外还包括几十项检测，时间虽然长些，但可以将隐患提前发现和解决，节约了未来的维修时间和费用。

②4S店由专业的维修技师使用专业的检测设备，按照厂家要求的操作规程精工细作，因为严谨和认真，所以时间自然会长。

③为保证维修质量，我们严格执行"三检制度"（自检，互检，质检）。

④完工后免费清洗车辆。

⑤如果由于用户太多，增加了用户的等待时间，请用户下次拨打预约电话。

4. 轮胎（用户疑虑：我的轮胎也没坏，我看还能使用，需要更换吗？）

服务顾问可以从以下几个方面向用户做出解释：

轮胎磨损较快的原因：汽车起步过急、制动过猛、转弯速度过快、行驶速度过高、路况较差等都会加剧轮胎磨损。

何时必须更换轮胎：当轮胎花纹磨损到规定极限（花纹深度为1.6 mm或安全线）时必须更换。

为什么要及时更换轮胎：轮胎磨损到使用极限时与地面的附着力下降，摩擦力变小，会出现驱动打滑现象，特别影响制动效果，并且高速行驶极易爆胎，冰雪路面制

动跑偏，所有这些都严重威胁着行车安全。更换新胎后可以避免上述情况发生，带来驾驶的安全性和舒适性。

为什么要换原装轮胎：轮胎是车辆唯一与地面直接接触的备件，对行车安全起到至关重要的作用。原装轮胎抗磨损、抗老化能力比较强，胎噪很低，质量上有保证。现在外面翻新轮胎很多，从外观上难以分辨，表面上看价格低一些，但劣质胎使用里程短，价格平均到每公里上一点都不便宜！尤其是高温、高速情况下容易爆胎，是行车安全的一大隐患！

关于轮胎的注意事项：

轮胎气压不能太高或太低，否则容易加快轮胎磨损或有爆胎的危险。由于制动过程中前后轮胎受力不同，因此要定期进行前后轮胎互换位置。注意同车不要装异种轮胎，这会影响汽车的操纵性。新轮胎磨合期间尽量避免满载行驶。行驶时躲避锋利的石头、玻璃、金属等可能扎破和划伤轮胎的物体，躲避化学遗洒物质对轮胎的黏附、腐蚀。行驶在拱度较大的路面时，要尽量居中行驶，减少一侧轮胎负荷增大而使轮胎磨损不均的情况。一般情况下，超载20%则轮胎寿命减少30%，超载40%则轮胎寿命减少50%。急速转弯、紧急制动、高速起步以及急加速等都加速轮胎磨损。

5. 原厂玻璃清洗剂（用户疑虑：玻璃清洗剂花几块钱随便买一瓶不就行了，或者用水代替一下？）

服务顾问可以从以下几个方面向用户营销原厂玻璃清洗剂：

①原厂玻璃清洗剂不仅可以防冻，还可以保护喷水壶不至于由于温度太低而裂开。

②原厂玻璃清洗剂清洗效果特别好，刮得干净，视线清楚以保证行车安全。尤其针对高速行驶时前风挡玻璃上的小虫子。

③原厂玻璃清洗剂无腐蚀性，其残液不会腐蚀车身、玻璃以及车身饰件。

④原厂玻璃清洗剂还有润滑作用，防止刮水器和前风挡玻璃之间异常磨损，保护刮水器（提高刮水器使用寿命）和玻璃，实际上大大节省了维修费用。

⑤价格不贵，一瓶只要十几块钱，还可以根据气温的高低调整浓度，比例是1∶1或者1∶2。

替代品的危害：替代品可能在冬季结冰或损坏刮水器，而且杂质多，易堵塞喷水管路，残液有腐蚀作用。

6. 四轮定位（用户疑虑：四轮定位该不该做？普通的修理厂不是一样做吗？）

服务顾问可以从以下几个方面向用户解释说明：

为什么要做四轮定位：车辆行驶中会经过各种不同的路况（前轮受外力冲击、不平的路面高速行驶、轮胎气压超标高速行驶、经常原地打死方向等），时间长就会导致轮胎的定位数据失准，从而造成轮胎磨损过快、车辆跑偏、方向发沉、油耗增加等现象，四轮定位可以提高驾驶舒适性。

为什么要在4S店做四轮定位：

①4S店采用一汽大众认可的最先进的四轮定位系统，它包含所有一汽大众各种车型的原厂定位数据，具有最精确的测量精度，例如对于轮距、对角线、转向角，四个车轮是否位于同平面等数据进行毫米级的测量，而非4S店是不掌握这些定位参数的，并且低价劣质定位仪使用几个月后就会产生测量误差。

②4S店的维修技师都是经过一汽大众厂家的严格培训后持证上岗的，对一汽大众每种车型的结构和工作原理相当熟悉。

③对于某些车型的特殊情况，做完四轮定位还要用VAS5051/VAS5052对电控助力转向系统进行基本设定，保证车辆的底盘综合性能达到生产厂家的出厂标准，彻底消除车辆安全隐患，保证车辆工作在最佳状态。

7. 正时皮带（用户疑虑：保养手册要求6/8万km换正时皮带，一定要换吗？为什么同时还要换张紧器？）

服务顾问可以从以下几个方面向用户解释说明：

为什么6/8万km要更换正时皮带：车辆行驶至6/8万km时正时皮带会发生疲劳磨损、龟裂或变形，轻则造成皮带跳齿正时错位现象，重则会引起正时皮带断裂乃至活塞和气门直接碰撞，造成气门打弯或活塞打穿，维修费用要数万元，以及发动机突然熄火，转向和刹车系统突然变硬，危及驾驶安全。

同时更换张紧器的原因：张紧系统是对正时皮带的张紧度进行调节和校正的，换皮带的同时更换张紧器才能满足新皮带所需的张紧力，如张紧器超过使用寿命，同样会造成皮带磨损或断裂。

为什么要更换原厂正时皮带：副厂皮带韧度差，硬度不够，不抗磨，寿命短，使用中容易发生跳齿甚至断裂，轻则出现怠速不稳、加速不良等现象，重则造成严重经济损失甚至危及生命安全。4S店的原厂备件享受1年10万km的质量担保，质量、安全绝对有保障！

8. 底护板（用户疑虑：有必要安装底护板吗？）

服务顾问可以从以下几个方面做营销：

①轿车底盘较低，底护板在车辆行驶在颠簸路面时可以有效地保护发动机不被碰击（如碰撞发动机可能导致漏油甚至拉缸，一般情况保险公司只赔付油底壳，对其他损失不负责任，这会给用户带来很大的经济损失）。

②底护板可以抵挡发动机舱内进入过多的沙尘、泥浆，达到以下效果：大大提高空气滤清器过滤的空气质量，延长发动机使用寿命；为空调滤清器提供优良的空气环境，改善驾驶室内的空气质量，有益于司乘人员的身体健康；延长空气滤清器及空调滤清器的使用寿命。

③4S店提供的底护板是碳合金材料的，抗碰撞能力强，形状吻合性好，与被保护

部件之间间隙合适，是用户的最佳选择。

9. 刹车系统深度保养（用户疑虑：刹车系统还需要保养？）

服务顾问可以从以下几个方面做出解释：

使用专用的清洗剂清洗刹车盘、刹车片、刹车泵、轮毂中心等处的油泥、灰尘，使用专用润滑脂润滑刹车泵，使制动时盘片有效、快速分离、啮合，提高制动性能，防止刹车抱死，减少刹车噪声，延长刹车系统部件的使用寿命。

轮胎螺栓也进行清洗和润滑，方便用户紧急情况的拆装。建议 2~3 万 km 做一次刹车系统深度保养。

10. 轮胎动平衡（用户疑虑：为什么要做动平衡？）

服务顾问可以从以下几个方面做出解释：

车辆长时间在不同路面行驶及轮胎受外力冲击造成轮毂微弱变形，底盘数据失准，所以需要定期做动平衡。动平衡可以改善吃胎、方向盘抖动现象，提高方向的稳定性及驾驶舒适性。动平衡可以延长轮胎使用寿命。建议用户 1~1.5 万 km 做一次动平衡。

11. 挡泥板（用户疑虑：为什么要装挡泥板？）

服务顾问可以从以下几个方面做出解释：

路面泥泞时，挡泥板可以阻止车轮转动带起的泥沙、石子飞溅到车身、机舱等处，保护车辆，就像睫毛保护眼睛，保持车辆清洁，减少洗车次数，节约费用。挡泥板材质优良、防热防冻、不易变形、不易撕裂，车辆上台阶时不会被损坏，结实耐用。挡泥板安装方便、不用钻眼，不伤害翼子板内衬及后杠。挡泥板与原车严丝合缝，无间隙。

任务工单

工单 2-7　质量控制

考核项目	售后服务接待流程—质量控制				
姓名		学号		班级	
任务要求	● 掌握质量控制流程 ● 掌握自检、互检、终检 ● 掌握内返、外返 ● 检查维修项目是否完成				
情景描述	客户：张先生　　　　　联系方式：13123456789 经销商：前进汽车销售服务有限责任公司 进店时间：9月25日上午9:00 进店原因：张先生来店进行4万km保养				
任务计划	人员分工	顾问：		客户：	
任务实施					
自我总结与反思					
自我评价					

六、交车服务

交车服务是汽车售后服务流程的重要环节，也是提升客户满意度的重要手段。在前几个环节客户逐步建立的愉悦心情和信任，通过专业周到的交车服务能够得到提升和加强，反之将改变客户全部的良好印象，失去客户的信任。

（一）标准流程（见表2-10）

表2-10　交车服务的服务流程及操作规范

服务流程	操作规范
交车前资料准备	书面确认维修工作是否每件都已经完成； 检查工单上客户提出的所有项目，确认顾客的要求已经达到； 核对维修费用，原始估价和实际是否相符； 检查车辆的外观、性能和内饰的清洁； 电子设施是否归位
通知客户提车	通知客户来提车，并完成车辆维修结算单的打印和核对工作
交车过程	陪客户验车，向客户详细说明维修、保养的内容，展示更换的零件； 解释说明已完成的工作和费用； 提供相关保养维护的专业建议： 例如"×先生/女士，根据您轮胎磨损情况，建议您半年后调换车轮，届时我们会及时与您联系，还望多关照。" 向客户介绍增值服务项目（如果有），说明已经完成且是免费的； 询问客户被更换旧零件的处理方法（旧件是否回收）： 例如"这是本次产生的旧件，请问您是否需要带走？" 当着客户的面，取下车辆防护用品，例如座椅套、脚垫和方向盘套等； 打印结算单，解释维修保养费用，包括总费用、总零件费、总工时费和每项工作分别包含的零件费、工时费
结算	请客户在结算单上签字确认； 陪同客户去财务中心付款； 收费，开具、打印发票； 开具车辆出站凭证； 介绍跟踪服务及归还物品； 例如"×先生/女士，这是您的保修手册和车钥匙，请您查看一下。"
送别客户	温馨提醒客户下一次定期保养的时间； 与客户预约下次定期保养时间； 宣传定期保养预约的好处； 向顾客致谢，并引导客户车辆出厂： 例如"×先生/女士，再次感谢您今天光临本店，您慢走！再见！"

（二）规范和技巧

1. 规范

（1）服务顾问应该亲自交车给自己负责的客户。
（2）做好PDI检查，保证交车时客户不会发现问题。
（3）服务顾问陪同交车，并对结算单给出合理的解释。

交车服务流程

2. 交车注意事项

（1）客户取车前，准备好提车单据和文件。
（2）车辆在竣工区应处于车头朝向离开的方向。
（3）当着客户的面拆除"五件套"。

3. 结算

（1）服务顾问已经接到内部质检后的工单后，开始进入结算流程。
（2）服务顾问核对维修工单，审核结算项目。
（3）审核确认无误后，及时通知客户。
（4）解释工单的价格、修理内容的各项费用，并建议下次保养时间。

结算及送别服务流程

4. 付款

（1）客户确认后，请客户在结算单上签字。
（2）服务顾问携带工单、结算单、车辆检查单等单据并引导客户到收银台。
（3）向客户约定服务跟踪时间和方式。
（4）及时告知客户联系方式。

场景一：客户交车区（服务顾问陪同客户从休息室来验车）

服务顾问：王先生，您的爱车保养工作已经完成，时间和咱们预估的差不多，请您跟我一起去验车吧。请稍等我帮您把三件套收一下。

客户：好的，谢谢。

服务顾问：座椅位置和空调系统已经帮您复位，并有我们技师和质检员签字，可以确保您爱车的维修质量，您下次保养里程是4万km，时间是明年的2月份，保养手册也帮您填写好了。我们一同确认一下您车的外观。

服务顾问：王先生，您的车已经完成保养和维修，按照之前说好的，我将旧件放在后备厢了。

客户：嗯，好。

服务顾问：王先生，这次保养的工作已经全部完毕，您还有其他需要吗？

客户：没有了。

服务顾问：那咱们去打印一下结账单，然后去结算费用。

场景二：制单接待台处（服务顾问陪同客户从车辆处来到接待台）

服务顾问：王先生需要什么饮品吗？

客户：不用了。

服务顾问：这是本次服务的结账单，我为您逐项解释一下，本次使用机油一桶438元，机油滤芯和油底垫片117元，后刹车片404元，配件费932元，工时费240元，总共2 131元。

客户：嗯，好。

服务顾问：和之前咱们的预估是一致的，请您核对一下。

客户：可以。

服务顾问：王先生，关于费用的说明您还有不清楚的吗？

客户：没有了，都很明白。

服务顾问：那好，请您在这里签字。

服务顾问：如果结算单没有什么问题，现在我陪您一同去结账好吗？

服务顾问：王先生这是我们的收银员×××，×××这是王先生，刷卡结算。这是王先生的结账单。

服务顾问：3天后我们的客服会对您进行一次回访，什么时候联系您方便一些呢？

客户：周五下午吧。

服务顾问：好的，如果您对我的服务还满意的话，请您给我评价特别满意，谢谢！

服务顾问：王先生，谢谢光临，请慢走。

结算交车服务流程如图2-4所示。

项目二　保养车辆的服务流程

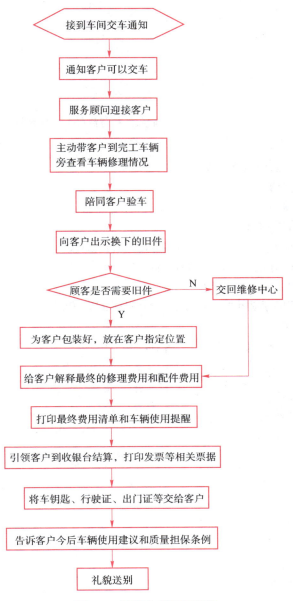

图 2-4　结算交车服务流程

任务工单

工单 2-8 交车服务

考核项目	售后服务接待流程—交车服务				
姓名		学号		班级	
任务要求	● 掌握交车服务流程 ● 交车展示 ● 结算解释 ● 结算和礼貌送别				
情景描述	客户：张先生　　　　　联系方式：13123456789 经销商：前进汽车销售服务有限责任公司 进店时间：9月26日上午9:00 进店原因：张先生打算自驾游，给客服打电话，想对车辆做2万km的保养，并对车辆做全面检查				
任务计划	人员分工	顾问：		客户：	
任务实施					
自我总结与反思					
自我评价					

七、跟踪回访

跟踪回访是服务流程的重要组成部分,一方面主动服务提高客户的满意度,增强客户的信任感;另一方面及早发现客户的潜在抱怨,及早处理,避免客户抱怨扩散。

(一)标准流程(见表2-11)

表2-11 跟踪回访服务标准

服务流程	操作规范
客户联系 准备工作	维修3天后(修后3日内对客户进行电话回访)工作,由服务顾问专员负责进行。 由服务顾问各自在营业前准备好以下资料: (1)当天的维修3DC跟踪记录表; (2)"委托书"; (3)客户服务档案; (4)客户指定的联系电话和希望联系的时间段; (5)"委托书"上的维修保养内容
联系客户	按照客户希望的时间段及联系电话与客户进行联系; 先进行自我介绍(企业和服务顾问姓名),然后感谢客户在服务企业接受的服务; 说明本次电话访问的意图及大概需要的时间; 如果客户暂时没有时间接听电话,则询问客户何时方便,并约定按照客户要求的时间再次进行联系,同时将新约定的时间记录在维修3DC跟踪记录表中; 当天没有与客户联系到时,第二天继续跟踪,并记录在维修3DC跟踪记录表中
向客户确认修后车况	向客户了解维修保养后的车辆状况是否良好
总结汇报	将电话访问结果记录在维修3DC跟踪记录表上; 出现客户抱怨时,及时向服务经理报告; 每周将统计的维修3DC跟踪结果报告给服务经理

(二)跟踪回访的目的

1. 争取新的预约

跟踪回访的主要目的,是在客户满意的情况下再争取产生一个新的预约。当然,如果客户不满意,甚至进行投诉时,不要试图和他再产生新的预约。

2. 在客户应该进行保养之前做出提醒

跟踪回访还有一个目的,就是根据客户的档案显示,客户在某个时间必须做某一种保养,这时跟踪回访工作就要提前两个星期,提醒客户做保养的时间。

跟踪回访服务流程

(三)客户资料的记录

1. 回访之前先准备客户资料

特别要提到的是,做跟踪回访前,必须预备好客户的维修档案、维修资料,然后才能打电话,这样才能知道自己要问些什么。

2. 回访内容要记录在案

当客户满意时,要在档案上和已经完成的委托书上做记录;如果客户不满意,要把不满意的原因记录上。

3. 把信息反馈给服务经理

当发现客户不满意时,必须把档案交给维修部经理,也就是服务经理,让服务经理来判断由谁去解决这个问题。

(四)跟踪回访服务规范

(1)根据 DMS 的维修工单,整理维修后 3 日回访的客户清单。
(2)服务顾问对照清单进行回访,了解客户车辆的使用情况和对服务过程的满意度。
(3)对遗留问题再次预约客户进厂。
(4)抱怨客户转入投诉处理流程。

回访遇到客户抱怨时,首先要向客户表示歉意;然后详细记录下客户投诉的内容,并承诺尽快给客户联系处理;最后转入投诉处理流程,并及时给客户回复处理进度。

(五)附件(见表 2-12)

表 2-12 电话回访记录表

客户资料	电话询问结果	处理结果
序号:	满意度:	回电话:
单号:	维修质量:	返修:
车主:	服务态度:	由谁完成:
联系电话:	维修价格:	
车型:	客户要求(抱怨、批评、建议、表扬):	
车牌:		

任务工单

工单 2-9　跟踪回访

考核项目	售后服务接待流程—跟踪回访				
姓名		学号		班级	
任务要求	● 掌握电话接听礼仪 ● 准确记载客户意见 ● 安抚客户 ● 处理客户异议				
情景描述	客户：张先生　　　　　联系方式：13123456789 经销商：前进汽车销售服务有限责任公司 接听时间：9月14日上午9:00 进店原因：客户张先生昨天来本店做2万km保养，并进行空调维护作业，回家后发现空调制冷效果不佳（出厂检查时，制冷效果符合要求）				
任务计划	人员分工	顾问：		客户：	
任务实施					
自我总结与反思					
自我评价					

任务三　车辆保养的常识

当前，我国的汽车越来越多，汽车在使用的过程中，由于产生较大的摩擦，汽车部件会出现较大的损耗，因此汽车的使用和维护费用越来越高。汽车售后服务顾问应掌握一定的维修保养技巧，了解汽车维修保养的常识，这样才能为客户提供更好的服务。了解和掌握常见的汽车使用和维护，可以减少不必要的麻烦和费用，增加汽车的使用寿命。

一、汽车外观的维护与保养

（一）注意及时清洗车辆

保持汽车干净，要经常和及时清洗车辆。清洁汽车最好使用汽车专用清洗剂和碱性小的肥皂，不能用去污粉和洗衣粉等含碱性高的洗涤用品，否则在洗掉灰尘的同时会加速油漆表面老化，使车辆失去光泽。

（二）注意定期上光

汽车行驶一段时间后，应进行表面磨光和上蜡处理。国外对汽车上蜡很讲究，有许多专用的工具和材料。上蜡前通常使用的清洗剂有两种：一种是磨料型，可擦掉表面漆氧化层；另一种是化学清洗剂，可溶解沉积的油污以便擦除。使用时，先把车体清洗干净，涂上擦洗膏或清洗剂，用毛巾擦洗。在打蜡时，最好使用专用工具，如果没有专用工具，可用软布代替，同时应避免在直射下打蜡。

（三）注意雨后及时擦车

空气污染，车辆被雨淋湿后，如不及时将雨水擦掉，若再被强烈阳光照射，很易出现斑点和使表面光泽下降。所以，应及时将雨水擦净。注意塑料件的清洁方法。汽车外观使用塑料件的很多。对于油漆的塑料件，更要使用上好的清洗剂；上蜡时不能过重，防止穿透油漆露出底色。最好到正规的洗车加盟店进行清洁。

（四）注意镀光金属件的保养

对镀光金属件，清洗时应使用炭精清洁剂，不能使用硬质器具刮除脏物。镀光件也应定期上蜡，以保护镀层不被氧化。

（五）注意防锈

汽车油漆和电镀的部件一般具有良好的防锈能力，但对于车体上的焊点、接缝以及受过擦伤的部位则容易生锈。因此，车辆在使用一段时间后应该进行必要的防锈处理。

二、轮胎的基本常识及保养

（一）轮胎的基本常识

轮胎的规格用一组数字加字母表示，印在轮胎的侧面。第一个数字表示轮胎的断面宽度；第二个数字表示扁平比；第三个是字母，表示轮胎结构，接下来的数字指的是轮辋直径；最后的一个数字和一个字母，分别代表载系数和速度级别。例如：175/65R15 86H，表示胎宽 175 mm，扁平比 65，轮辋直径 15 in[①]。扁平比与轮辋中间的字母或符号，最为常见的是"R"，它和"Z"一样，是子午胎的意思；其他，"X"是高压胎；"—"是低压胎；"B"是斜交胎，如图 2-5 所示。

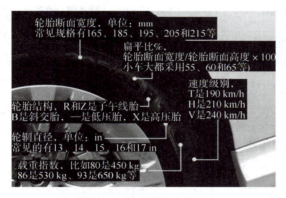

图 2-5 轮胎的基本常识

（二）轮胎的维护和使用

1. 轮胎在行驶中产生的问题

1）轮胎产生的热量

橡胶、帘布层、帘线等材料在轮胎变形时吸收能量并将其转化为热量，由于它们导热性不佳，故造成轮胎内部温度上升。最终将可能引起橡胶层分离，甚至爆炸而引发事故。如果发现轮胎温度过高，应该停车冷却至少 1 h 以后再行驶。

2）驻波

车辆行驶时，胎面与地面接触部分会变形，随后，那一部分胎面脱离地面而复原。但是当轮胎转速过快，以致在短暂的时间内变形的轮胎没来得及复原时，在车辆快速行驶中，不断循环，便会使胎面振动，这些振动就是驻波现象。驻波一般会转化为热量，使轮胎温

---

① 1 in=2.54 cm。

度急速升高，容易导致事故。

3）轮胎噪声

胎面纹槽在与路面接触中，在纹槽中被密封了的空气受挤压，当胎面离开路面时，受压空气突然冲出，产生噪声。

4）浮滑

车辆高速行驶过积水的路面，胎面没有足够时间从路面上排开积水，不能附着在路面上，车辆就会出现打滑现象，这种打滑现象称为浮滑。在车辆行驶中容易使车辆失去控制。

5）侧偏

在行驶中，由于路面侧向倾斜，汽车受到侧向风或曲线行驶时的离心力等作用，偏离原来的行驶轨道，轮胎在路面上产生偏移滑动，车辆难以控制，这种现象称为侧偏。

6）轮胎磨损

当轮胎花纹磨损到距沟槽底部大约 1.6 mm 时，这部分的沟槽就开始断裂而出现裂纹，这时就要更换轮胎。轿车用的子午线轮胎花纹磨损极限为 1.6 mm，货、客车用的子午线轮胎花纹磨损极限为 2.0 mm。轮胎的使用寿命在 4 万 km 左右，如果行驶里程偏少，但是使用时间已经超过 2 年，同样应该更换。

2. 轮胎级别维护

轮胎维护的等级和周期与车辆相同，分为日常维护、一级维护和二级维护。

1）轮胎日常维护

轮胎的日常维护一般由驾驶员负责。行车前检查轮胎螺栓紧固情况，发现螺栓松动应将其拧紧；检查胎压状况，不足要补齐或调整，应该在常温下检查轮胎气压；检查轮胎外形是否有损伤或异常，外胎纹路是否良好，如果磨损过度应及时更换。轮胎的日常维护虽然简单，但能防微杜渐，排除隐患，减少事故发生，延长轮胎使用寿命。

2）轮胎一级维护

（1）紧固轮胎螺母，检查气门嘴是否漏气，气门帽是否脱落。如发现损坏或缺失应立即修理或补齐。

（2）挖出夹石和花纹中的石子、杂物。如有较深的伤洞，用生胶填塞。

（3）如果轮胎有不正常磨损或起鼓、变形等现象，应查找原因并解决。

（4）检查轮胎搭配和轮辋、挡圈、锁圈是否正常。

（5）检查轮胎（包括备胎）气压，并按标准补足。

（6）检查轮胎与其他机件是否有刮碰现象，保证备胎架完好、紧固。若轮胎单边磨损严重，应进行一次轮胎换位。

3）轮胎二级维护

除了执行一级维护的各项作业外，还应进行轮胎解体检查，并进行车轮的换位搭配。

4）轮胎维护要点。

（1）充气前检查气门，擦拭干净。先充入少量空气，等到内胎膨胀伸展后再继续充至要求的气压；轮胎充气应按照该型汽车使用说明书规定的标准气压执行。

（2）充入的空气不得混有水分和油雾。

（3）充气开始时用手锤轻敲锁圈，使其平稳嵌入轮辋圈槽内，同时要注意安全防护。

（4）充气后应检查轮胎是否漏气，并安装气门帽。

（5）轮胎换位

在大拱度或崎岖不平的路面和高温的夏季，轮胎的差别磨损比较大，应当适量增加轮胎换位次数，定期换位可使轮胎磨损均匀，延长轮胎的使用寿命。

轮胎的换位方法有交叉换位法、循环换位法、混合换位法和同轴换位法，其中交叉换位法和同轴换位法效果较好。交叉换位法适合常在拱形路面上行驶的车辆，换位时不用从轮辋上拆胎换面，并且备胎可以参加换位。同轴换位法是在轮胎新旧程度相差太大或者前后车轮尺寸不一的情况下采用的方法。轮胎换位间隔一般是新车1.5万km，以后每行驶1万km左右换位一次。

三、润滑油的基本常识及保养

润滑油是用于汽车上以减少摩擦，保护机械及加工的液体润滑剂，主要起润滑、冷却、防锈、清洁、密封和缓冲等作用。发动机是汽车的心脏，发动机内有许多相互摩擦运动的金属表面，这些部件运动速度快、环境差，工作温度可达400~600 ℃。在这样恶劣的工况下，只有合格的润滑油才可降低发动机零件的磨损，延长使用寿命。现在市面上的润滑油种类很多，良莠不齐，那么合格的润滑油要满足哪些要求呢？润滑油的作用是什么？

1. 润滑油的作用

（1）润滑减磨：活塞和气缸之间，主轴和轴瓦之间均存在着快速的相对滑动，要防止零件过快磨损，就需要在两个滑动表面间建立油膜。有足够厚度的油膜将相对滑动的零件表面隔开，从而达到减少磨损的目的。

（2）冷却降温：机油能够将热量带回机油箱再散发至空气中帮助水箱冷却发动机。

（3）清洗清洁：好的机油能够将发动机零件上的碳化物、油泥、磨损金属颗粒通过循环带回机油箱，通过润滑油的流动，冲洗零件工作面上产生的脏物。

（4）密封防漏：机油可以在活塞环与活塞之间形成一个密封圈，减少气体的泄漏和防止外界的污染物进入。

（5）防锈防蚀：润滑油能吸附在零件表面，防止水、空气、酸性物质及有害气体与零件的接触。

（6）减振缓冲：当发动机气缸口压力急剧上升，突然加剧，活塞、活塞屑、连杆和曲轴轴承上的负荷很大，这个负荷经过轴承的传递润滑，使承受的冲击负荷起到缓冲的作用。

2. 润滑油的分类

目前市场上的润滑油因其基础油之不同可简分为矿物油和合成油两种。合成油又分为全合成及半合成。全合成机油是最高等级的。

二者的最大差别在于：合成油使用的温度更广，使用期限更长，成本更高；同样的油膜要求，合成油用较低的黏度就可达成，而矿物油就需用相对于合成油较浓的黏度才可达成。在相同的工作环境中，合成油因为使用期限比矿物油长很多，所以成本较高，但是比较换油次数之后，并不比矿物油高多少。

3. 润滑油的标号

润滑油的黏度多使用SAE等级别标识，SAE是英文"美国汽车工程师协会"的缩写。例如：SAE15W-40、SAE5W-40，"W"表示winter（冬季），其前面的数字越小说明机油的低温流动性越好，代表可供使用的环境温度越低，在冷起动时对发动机的保护能力越好；"W"后面（-后面）的数字则是机油耐高温性的指标，数值越大说明机油在高温下的保护性能越好（见表2-13）。

表2-13 （SAE）适用的环境温度

SAE	5W	10W	20W	30	40	50
环境温度/℃	-30	-25	-15	30	40	50

由表2-13可见，5W-40机油适用的外部温度范围为-30~40 ℃；而10W-30机油适用的外部温度范围是-25~30 ℃。

4. 润滑油的分级

"S"开头系列代表汽油发动机用油，规格有SA、SB、SC、SD、SE、SF、SG、SH、SJ、SL、SM、SN。"C"开头系列代表柴油发动机用油，规格有CA、CB、CC、CD、CE、CF、CF-2、CF-4、CG-4、CH-4、CI-4。若"S"和"C"两个字母同时存在，则表示此机油为汽/柴通用型。

从"SA"到"SN"，每递增一个字母，机油的性能都会优于前一种，机油中会有更多用来保护发动机的添加剂。字母越靠后，质量等级越高，国际品牌中机油级别多是SF级别以上的。

> 润滑油（机油）知识小贴士：
> 问题1：是不是什么车都适用顶级的全合成机油？
> 全合成机油性能非常好，流动性上佳，不管是冬日冷起动还是夏天的耐高温性都非常出色，并且换油周期长，可以对发动机最大限度保护，但是全合成机油并不适合

几万元的微型、小型车……

几万元的经济型车，因为发动机加工精度相对较低，气缸和活塞环之间的间隙密封性并不是最精细的，所以要用比较黏稠的机油来起到气缸和活塞环之间的密封作用，如果使用了比较稀的全合成机油，这种发动机的密封就会存在些许小问题，开起来总觉得没有力量。停车之后，全合成机油会大部分流回油底壳，发动机的润滑和密封受到破坏，所以再次起动后，发动机会受到较大磨损，但如果是较为黏稠的中档次机油，在这种发动机内就不会出现这种问题。

所以，全合成机油是好油，但是并不适合低成本的经济型车发动机。

问题2：增压发动机如何选机油？

如果为普通涡轮增压车，那么使用原厂机油足矣，使用全合成机油对行车工况更好，但相应用车成本有所提高。如果提高了行车电脑使用匹配参数，建议使用全合成机油。

涡轮增压器因为工作转速太高，任何滚珠轴承都承受不了10万r/min的强度，所以主转轴不是滚珠轴承和涡轮本体连接的，而是采用浮动式设计，主转轴是浮动在机油中的，涡轮本体和主转轴之间极为狭窄的空间内充满流动的机油，既起到润滑的作用又能在主转轴和涡轮本体之间带走杂质并起到散热作用。问题就出在这里，仍然以宝来1.8T为例，原厂0.38 bar增压值一般转速是10万~15万r/min，原厂机油完全支持这个转速和散热，但是提高了行车电脑的使用匹配参数后，增压值暴涨，涡轮转速也会暴涨至20万~30万r/min，这时第一个扛不住的就是原厂机油，原厂机油因为并不是顶级全合成机油，机油的黏稠度较高，流动性较差，所以当主转轴超高转速旋转时，机油就无法提供该有的润滑和散热了。当机油的级别不如原厂机油时，就会出现机油烧糊的问题，就是前面说的涡轮损坏了。

全合成机油相对较稀，润滑和散热性更佳，涡轮转速提高后，这种更加稀的机油可以100%流动到该润滑的部位，所以不会出现前面说的诸多问题。

问题3：为什么德系车一般是7 500~10 000 km换一次机油，而日系车都是5 000 km换机油？

这就是之前说过的，矿物油和合成油之间的关系。日系车一般的车型（车价小于30万元的）原厂机油一般是矿物油，换油周期不能太长，一般是5 000 km左右就需要更换，中高档日系车（车价高于30万元的）一般会采用半合成机油，这样换油周期可能会在7 500~10 000 km。车价15万元左右的德系车，原厂机油基本都是半合成机油，所以自然换油周期就会比同档次的日系车要长2 500 km。而车价超过20万元的很多德系车原厂机油就是全合成的，换油周期理论可以突破10 000 km。

问题4：为什么高端车都会有点烧机油？

高端车一般用全合成机油，甚至很多超级跑车使用流动性极佳的0W-50系列的超级赛车机油。机油流动性好了，就意味着黏度更小，优点前面已经介绍，但缺点也是比较稀,导致机油从气缸和活塞环之间流入燃烧室的比例更大,所以机油消耗量自然就比那些家用车要高很多。高端车烧机油是不可避免的,除非你不用高档机油。不过,每 2 000 km 如果消耗量超过半升机油,那也是有问题的,不是正常的消耗量。

　　问题 5:只换机油,不换机滤可以吗?

　　机油不仅可以润滑,而且可以带走发动机内部的脏东西,这些脏东西都是被机滤所过滤掉的,如果换了机油不换机滤,脏东西等于无法彻底清除,所以换油也就失去了意义。换机油必须换机滤,这是死规矩。

　　问题 6:机油换下来都是黑色的吗?

　　机油在发动机内部主要润滑各个部件,尤其是对活塞和气缸壁的润滑最重要,这里面,燃烧的产物就是深色的胶状物,所以机油从被注入发动机内部第一天使用开始就已经变色了。不过,正常使用的机油应该是深棕色的,如果真是彻底纯纯的墨黑,那也是有问题的,很可能是换油周期太长了。

　　问题 7:不同品牌机油能不能混用?

　　每个品牌的机油添加剂都是不一样的,混用可能会造成化学成分之间的变质,不推荐混用。

　　问题 8:全国各地车主,使用机油有什么注意事项?

　　东北、新疆、西藏地区,建议使用比较稀疏的抗低温 5W 系列的机油,极冷的地区如南北极圈等地,发动机机油甚至会用 0W 系列的。

　　华北、华东、华南地区,建议使用正常的 5W–30/40 或者 10W–30/40 机油。

　　海南这种极热的地区,建议使用 40 或者 50 的机油,耐高温性是必需的。

任务工单

工单 2-10　接待服务流程综合

考核项目	售后服务接待流程			
姓名		学号		班级
任务要求	● 掌握售后服务的全部流程 ● 熟练完成接车检查 ● 准确制作任务委托书			
情景描述	客户：张先生　　　　　　联系方式：13123456789 经销商：前进汽车销售服务有限责任公司 预约进店时间：9月13日上午9：00 进店原因：接到客户电话，来店完成4万km保养			
任务计划	人员分工	顾问：	客户：		
任务实施				
自我总结与反思				
自我评价				

过程性考核评价表如表 2-14 所示。

表 2-14　过程性考核评价表

考核内容		保养车辆售后服务接待流程		
考核情况				
序号	考核项目		表现记录	得分
1	接听客户预约电话，主动自我介绍，核实客户信息			
2	询问客户行驶里程，了解客户需求，为客户预估费用			
3	提醒客户携带保养手册，并完成预约登记表及准备工作			
4	客户车辆来店后，热情迎接问候客户			
5	自我介绍，确认客户姓名，询问客户维修保养需求，并及时记录下来			
6	预约专属服务顾问为客户车辆放置预约标识牌			
7	当客户面为车辆铺设三件套（座椅套、方向盘套、脚垫），与客户共同确认车辆外观，提示客户随身携带车内贵重物品			
8	环车检查结束后，记录环车检查时的问题，填写接车检查单，并请客户确认签字			
9	引导客户到业务前台，根据本次保养项目，开具任务委托书			
10	向客户说明建议项目和提醒项目。如同意，加入维修项目；不同意，作为备注项提醒			
11	向客户说明本次预估维修保养所需费用及作业时间			
12	请客户签字确认本次任务委托书中的项目			
13	服务顾问将任务委托书传递到车辆安排作业			
14	引导客户到休息区等待，客休专员主动向客户问好并询问客户需求，介绍休息区设施			
15	客户可以通过透明车间了解车辆保养进度和内容			
16	如有维修增项产生，服务顾问应向客户解释增项的目的和意义，以及追加的项目费用和时间，请客户确认			
17	如客户同意，更新派工单，并将追加项目及时通知车间完成			
18	车间进行三级检查后，确认车辆完成任务委托书中的全部项目			
19	通知客户取车，并与客户共同确认车辆外观、维修保养情况			
20	如有维修保养中拆下的旧件，询问客户是否带回，取下三件套			
21	引导到业务前台，打印结算单，再次对工单和费用做解释说明			
22	陪同客户到财务办理结算手续			
23	讲解车辆保养常识，说明车辆的使用事项，提示下次保养的时间			
24	引导客户离店，并礼貌送别客户			
25	客户离店 3 天内电话回访本次服务满意度及车辆使用情况			
总体评价				

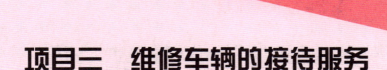

项目三　维修车辆的接待服务

 案例导入：

　　某客户王先生报修，车辆在行驶上坡路段时自动变速器有打滑现象，以为此种故障属于比较严重类型的故障（维修周期及费用可能较高），而且故障的原因可能是多方面的。通过问询客户，得知该车在平坦路面行驶没有问题。但在上坡行驶时发现发动机转速有时会突然升高，且客户从他人那里得知该现象可能是变速器打滑。为了确诊故障，服务顾问请求车间主管进行试车确认，按照客户指定的路段进行试车，发现在上坡行驶时的确有发动机转速升高的现象，但车间主管判断该故障并非变速器打滑，而是因为车辆在上坡路段行驶发动机输出动力不够导致自动变速器自动降挡升扭，因为降了挡发动机转速自然升高。由于故障确诊准确，更换了火花塞、汽油滤清器及清洗喷油器后，发动机动力得到改善。交车后再试车，该故障不再出现，车主满意地将车开走。

　　服务顾问遇到故障车辆该如何来为客户服务呢？

任务一　维修车辆的接待服务核心流程

车辆的维修服务包括车辆的故障维修、事故车辆维修服务，贯穿于整个车辆的使用过程，车辆维修服务质量的高低决定了车辆的使用寿命，也关系到汽车维修企业信誉度的高低。车辆的维修是强制性的，是车辆维护保养的补充。车辆的故障维修通常指质保期外的维修，质保期内的车辆故障维修涉及车辆的索赔服务，将在后续的课程中讲解。事故车辆的维修也分为有保险的事故车辆维修和无保险的事故车辆维修，有保险的事故车辆维修由保险专员接待服务，在后面课程中有介绍。本节介绍的为无索赔和无保险的接待服务。

一、维修车辆的接待服务流程

车辆维修是为了恢复车辆的正常使用，故维修业务较保养业务复杂，专业知识要懂得多，但服务的流程是基本一致的，在前面的单元中已对流程做了详细的介绍，这里只对与之不同之处做介绍。维修业务较保养业务多了故障的预诊断，问诊也比保养略微复杂。其流程如图 3-1 所示。

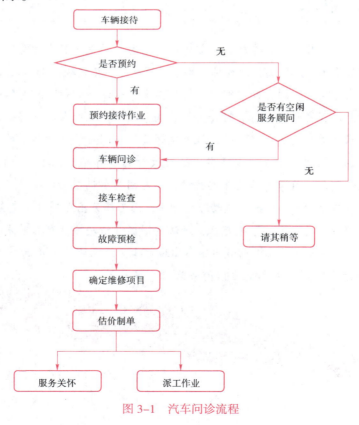

图 3-1　汽车问诊流程

二、问诊及故障诊断

故障车辆的接待工作是维系汽车维修企业与客户的桥梁,服务顾问在接待过程中,对故障问诊做的是否到位关系到下一步进行维修工作能否顺利解决问题。一般情况下,服务顾问是根据客户对故障的描述填写故障问诊单,维修技师根据问诊单来进行维修作业。若问诊环节做得不到位,故障情况诊断不准确,会对维修造成很大麻烦,也容易引起纠纷。故服务顾问应同客户积极沟通,详细了解所维修的车辆故障。必要时邀请维修技师与客户共同试车,以进一步确认故障。一个好的诊断可以快速解决问题,掌握车辆的常见故障及发生的原因可以大大提高接待效率,提升客户的满意度。

1. 故障问诊步骤

故障车辆的问诊工作,是每个服务顾问必须掌握的,要熟练运用才能做好本职工作,其步骤如下:

维修接待

(1)询问故障情况。
(2)核实故障现象。
(3)制作维修工单。

2. 询问故障情况

客户在向服务顾问描述故障情况时,都会要求服务顾问快速确认故障问题,落实解决办法。服务顾问需运用服务沟通技巧,通过问询技巧来确认问题。一般情况下,客户不是专业人士,他只是站在他的角度来描述问题,如果完全按照客户的描述进行登记,故障现象记载往往不够准确。这时,作为服务顾问就应当运用有效的问询技巧,将故障的真实情况记载下来,以防误导维修技师工作。

如针对某故障应做出如下提问:
①该故障出现在什么时候(早上、中午或晚上等)?
②出现了多久?
③出现故障的现象怎样?
④在什么路面情况下出现?(烂路、泥路、水泥路面或沥青路面等)
⑤在什么天气或温度下出现?(下雨、雪、炎热或寒冷等)
⑥何人驾驶(驾驶习惯)?
⑦何种工况?(起动、急速、加速或减速,巡航等)

⑧如果属于周期性故障还要询问以往是否在其他地方修过以及修过什么项目等。

3. 核实故障现象

服务顾问在问询故障现象的同时，要根据实际情况提出一些问题来验证客户所描述的故障现象，方便维修技师的维修工作。车辆在行驶的过程中，产生故障的原因是多样的，当出现故障时，了解故障的症状以及产生的故障状态对准确判断故障有很大帮助，服务顾问也应该掌握所服务品牌车辆的常见故障及需要更换的部件。

问清楚故障现象后，要根据故障情况进行核实，必要时邀请车间主管或试车员进行试路确认，核实工作有时是非常重要的，因为客户本人并不是专业人士，对于汽车本身的认识处于很粗浅的阶段，很难说清楚是哪个系统出了故障或者该故障对于某种车型来说并不一定是故障，如果照搬客户的叙述直接制定工作单而不进行核实，就有可能使下一步的维修工作陷入误区。

4. 制作维修工单

在完成上两步工作之后就可以开始制作维修工单，按照要求完成即可。在这里还需要和客户强调，由于不可预见性，对某些比较大的问题，还要留有余地。专业的服务顾问要将客户的口头描述转化为专业术语并仔细填写故障问诊表，以便于车间的维修人员进行维修作业，应避免因为文字问题而出现误诊或错诊问题。

三、接车问诊技巧

提高接车问诊水平，对解决客户车辆问题有很大帮助。通过语言的沟通，完成信息的交流，而双方交流沟通的成功取决于双方对车辆结构性能的了解，而服务顾问应该具有引导优势，在问诊时掌握相应的问诊技巧非常重要。

1. 认真倾听

作为从事服务行业的人员，认真倾听客户的意见是基本要求，对客户的每一句话都不能漏下。

2. 详细记载

在问诊的过程中，应当对客户描述的每一问题都一一记录下来，并对细节、关键点进行仔细询问。

3. 问诊方法

利用模式化的表格，运用排除法或归纳法，缩小故障范围，找到故障点。

4. 试车验车

在问诊的过程中，对于一些客户不能确定的问题，运用问诊技巧也不能确定故障原因时，就需要采用路面试车的方法。

售后服务接车单如图 3-2 所示。

```
┌─────────────────────────────────────────────────────┐
│                  售后服务接车单                      │
│                                                     │
│   车牌号：              VIN：                       │
│   行驶里程：      公里   来店时间：   年   月   日  │
│   顾客描述：                                        │
│   ┌─────────────────────────────────────────────┐  │
│   │ 诊断：                                      │  │
│   │                                             │  │
│   │                                  服务顾问： │  │
│   │                                  主修：     │  │
│   ├─────────────────────────────────────────────┤  │
│   │ 建议：                                      │  │
│   │                                             │  │
│   │                                  服务顾问： │  │
│   │                                  主修：     │  │
│   └─────────────────────────────────────────────┘  │
│                                                     │
│   车辆外部确认         ○ 划伤   功能确认  物品确认  │
│     [车辆示意图]       □ 擦伤   □ 天线   □ 备胎   │
│                                 □ 音响   □ CD碟   │
│                        ◇ 碰伤   □ 点烟器 □ 磁带   │
│                        △ 凹陷   □ 四门升降器      │
│                                          □ 随车工具│
│                        ● 脱落   □ 天窗   □ 灭火器 │
│                                 □ 后视镜 □ 千斤顶 │
│                                                     │
│                        洗车     □ 是   □ 否       │
│   燃油：  0   1/2   1                              │
│   服务顾问确认：         顾客确认：                │
│                                                     │
│                          顾客联系电话：            │
│   第一联维修存档（第二联交顾客）                   │
└─────────────────────────────────────────────────────┘
```

图 3-2 售后服务接车单

四、汽车常见故障及应答维修技巧

汽车行驶在路上难免会出现问题，常见故障如下：

常见故障一：汽油百公里消耗过高是何原因？

（1）机械因素。汽车故障导致效率下降，请回厂检修确定无故障。汽车发动机磨损老旧；大修发动机。

（2）胎压不足。请时常注意轮胎状况，保持胎压，不但省油且增长使用寿命。刹车咬住；可自行做慢速空挡滑行测试，确定刹车无此状况。

（3）人为操作因素。温车过久：在发动后至多30 s，确认所有警示灯熄灭即可上路。狂暴驾驶：急踩油门加速又紧急刹车，或飙至极速，除了耗油外，机械亦加速磨损，应尽量避免。开冷气睡觉或长时间等人而不熄火，除了耗油外，发动机易积炭。长时间使用不必要的电器，如除雾线、加强雾灯等，电力的消耗也会转嫁于汽油消耗。空调制冷效率下降。

（4）交通因素。短程使用：发动机可能尚未加热至正常工作温度，即抵达目的地，由于冷机效率低，燃料大半消耗于将发动机及冷却水加温，耗油是不可避免的，此种用车状况亦会导致发动机积炭。市区行车：市区行车因堵车及红绿灯，停停行行耗油量甚至数倍于高速公路行车。

（5）其他因素：车上长期放置过多的杂物也会导致耗油量增加。

常见故障二：排气管冒黑烟是什么原因？冒白烟是什么原因？冒蓝烟是什么原因？

（1）排气管冒黑烟：说明发动机混合气过浓，导致燃烧不充分。当出现空气滤清器过脏、火花塞不良、点火线圈故障等，均会造成发动机冒黑烟。

（2）排气管冒白烟：说明喷油器雾化不良或滴油使部分汽油不燃烧；汽油中有水；气缸盖和气缸套有肉眼看不见的裂纹，气缸垫损坏使气缸内进水；机温太低。可以通过以下方法解决：清洗或更换喷油器，调整喷油压力；清除油箱和油路中的水分；不买低价劣质油；更换气缸垫、气缸套、气缸盖。

（3）排气管冒蓝烟：说明机油进入燃烧室参加燃烧，活塞环与气缸套未完全磨合，机油从缝隙进入；活塞环黏合在槽内，活塞环的锥面装反，失去刮油的作用；活塞环磨损过度，机油从开口间隙跑进燃烧室；油底壳油面过高；气门与导管磨损，间隙过大。可以通过以下方法解决：新车或大修后的机车都必须按规定磨合发动机，使各零部件能正常啮合；看清楚装配记号，正确安装活塞环；调换合格或加大尺寸的活塞环；查清油底壳油面升高的原因，放出油底壳多余的机油；减少滤清器油盘内机油；更换气门导管。

常见故障三：动力转向变沉重是何原因？

（1）轮胎气压不足，尤其是前轮气压不足，转向会比较吃力。

（2）助力转向液不足，需添加助力转向液。

（3）前轮定位不准，需进行四轮定位检测。

（4）转向机或转向球节磨损严重，需要维修或更换。

常见故障四：车辆油耗增加应怎样判断和修理？

如果感觉车辆油耗增加了，首先应到维修中心进行发动机电子数据的监查和车辆尾气的检测，并且按以下思路进行诊断：

（1）轮胎充压力：轮胎亏气将导致行驶阻力增加，造成油耗上升；相反，如果在轮胎气压规定值内适当增加轮胎气压，将有利于降低油耗。

（2）轮胎花纹：不同类型花纹的轮胎的燃油消耗率不同，选择折线花纹轮胎有助于节省燃油。

（3）四轮定位：始终保持车轮定位值正确，可以保证较低的燃油消耗率。

（4）行驶环境：车辆行驶中怠速和低挡位对于整个行驶周期的时间占用率越低，越有利于降低油耗。所以在市区拥堵路面油耗居高不下。

（5）道路情况：路面阻力越大，上下坡路况越多，燃油消耗率越高。所以尽量选择铺装的、平坦的大路行驶。

（6）车辆载重：尽量减少车内和后备厢内不必要的物品，有助于降低油耗。

（7）平稳加速：急加速时的瞬时燃油消耗率比平稳加速时高一半，所以应尽量避免急加速、避免紧急制动。

（8）车速适中：明确经济车速，车速过高与过低都将使车辆燃油经济性变差。

（9）发动机技术状况：如果发动机的技术状况不良，将导致发动机功率下降，造成大量燃油的浪费。

（10）自动变速器：确保自动变速器换挡正常。

（11）传动系统：定期检查传动轴、差速器、半轴、轮毂轴承等部件旋转阻力是否正常。

（12）制动系统：检查确保制动系统无拖滞现象。

（13）齿轮油的黏度：在气温比较低的环境，将手动变速器和差速器中的齿轮油更换为黏度较低的标号，有助于节油。

（14）风阻系数：车辆外观受损，打开车窗，或由于不正当改装等因素导致。

常见故障五：如何判断和维修刮水器和玻璃喷洗器故障？

（1）刮水器的常见故障：完全不工作；无间歇挡或间歇时间不对；无低速挡；无高速挡；关闭开关后雨刷不能自动回位。维修技巧：对于此类常规电气系统故障，应首先检查系统电源电路，此类故障大部分由于熔断丝烧断或接地点不良导致。

（2）玻璃清洗器的常见故障：

①完全不工作。没有清洗液或电机损坏。

②喷出的清洗液量不足。管路有堵塞。喷头出水口被灰尘、泥土堵塞，可用大头针等物品疏通。

③清洗液的喷射方向不对。调整正确喷射角度。

常见故障六：刹车为什么会软绵绵的？

刹车作为汽车安全行驶的关键部分，每位驾驶员都应特别重视。每次驾驶前，可以试验一下刹车踏板的工作状态。在未起动发动机之前刹车踏板会很硬，发动机正常起动后，刹车踏板轻微下沉一点，这是正常的。

有时我们踩下踏板会感觉刹车软绵绵的，制动距离明显加长，刹车无力。这种情况必须加以重视，一般情况下，原因有以下几个：不同品牌制动液混合使用，造成制动效能下降；超过厂家规定更换期限继续使用制动液造成制动液变质，沸点下降；制动液内含有气体；制动软管外表橡胶破损或起包造成泄压；制动总泵和分泵渗油，密封不良等。除此之外，还要检查一下，制动片是否为原装产品。

　　常见故障七：驾驶中水温过高怎么办？

　　行驶过程中冷却液沸腾（开锅了）时的处理方法如下：

　　（1）应立即将车停到安全的地方。

　　（2）关闭空调系统，打开发动机机舱盖，使发动机怠速运转。（在这个过程中注意，千万不要试图打开冷却液的加注口盖。在冷却液沸腾时加注口盖一旦打开，冷却系统中的液体会喷出，造成人身伤害。）

　　（3）检查散热器风扇的运转是否正常，如不动，应同经销店联系。

　　（4）水温表指针下降后，将发动机熄火。

　　（5）待发动机冷却后，将水箱盖打开，检查冷却液的液位。

　　（6）如缺液应进行补充。

　　（7）如水温表指针一直没有下降的趋势，则立即将发动机熄火，同经销店联系。

　　建议：当出现冷却液沸腾的故障时，用户应同经销店联系，获取指导，最好不要擅自处理。

　　常见故障八：蓄电池没电了怎么应急？

　　（1）蓄电池电力不足表现为下列几种情况：起动机不转或转动微弱，不能起动发动机；前大灯比平时暗；喇叭音量小或不响。

　　（2）如遇上述问题可通过下列方法应急：

　　①连接跨接电缆。跨接电缆按照以下顺序连接：将没电的蓄电池的正极端子与救援车电池的正极端子连接；将救援车电池的负极端子与没电汽车的蓄电池负极端子或发动机室内的金属部分连接（接地线）。

　　②应急充电并起动发动机、起动救援车的发动机，稍微提高发动机的转速，约5 min后，可向没电的蓄电池应急充电。

　　③取下跨接电缆与连接跨接电缆的顺序相反。

项目三 维修车辆的接待服务

 **任务工单**

工单 3-1 常规维修车辆的接待问诊

考核项目	常规维修车辆服务接待流程—接待问诊					
姓名		学号		班级		
任务要求	● 掌握维修接待流程 ● 掌握常见故障的诊断 ● 熟练制作维修委托书					
情景描述	客户：张先生　　　　　联系方式：13123456789 经销商：前进汽车销售服务有限责任公司 进店时间：10月18日上午9：00 进店原因：张先生于11月10日来店进行车辆故障维修，故障现象：早上有时起动困难					
任务计划	人员分工	顾问：		客户：		
任务实施						
自我总结与反思						
自我评价						

99

任务二　维修服务质量管理

随着汽车销量的不断增加，车辆的保有量也不断增加，不断有新的 4S 店开设，新旧经销企业的竞争也越来越激烈。随着新车型、新技术的不断出现，随之而来的各类问题也不断出现，经销企业的服务能力也需要不断提升，以提高维修质量保证客户满意。同时，维修质量对经销商是一把双刃剑，维修质量的高低对经销企业的新车销售和减少客户的流失率有极强的关系。因此，提高维修质量是经销企业特别重视的，提高维修效率和一次修复率是维修服务中的重点。

目前，汽车经销企业的利润重点来源于汽车的维修，成熟的汽车 4S 店的经营盈利模式是汽车销售约占 30%，售后服务约占 60%，其他仅占 10% 左右，汽车售后服务市场其实是汽车后市场产业中最稳定的利润来源。

客户的期望值：
客户来修车最关心的是什么？
- 诚实可靠；
- 技工技术好；
- 价钱合理；
- 能够竭尽全力地为他们服务；
- 要友好，要有礼貌；
- 要能遵守承诺；
- 在他们等候的时候，希望有一个很舒适的休息室；
- 在他们的车修理的时候，希望经销店有代用车供其使用；
- 要求接待他们的人员能够有良好的沟通技巧。

了解客户的期望值，并努力实现客户的期望就成为汽车维修服务企业的目标，需要企业上下共同完成。建立健全全面质量管理就成为汽车维修企业做大做强的源泉。汽车维修业是一个技术性很强的行业，汽车维修质量管理是一项全方位的、经常性的技术管理工作，汽车维修企业必须运用法律的、经济的和行政的手段对汽车维修质量实施综合性管理。

一、汽车维修质量与汽车维修质量检验

（一）汽车维修质量与汽车维修质量的评定参数

1. 汽车维修质量

汽车维修是一项技术服务，因而汽车维修质量是汽车维修服务活动是否满足与托修方

约定的要求，是否满足汽车维修工艺规范及竣工质量评定标准的一种衡量。

由此可知，汽车维修质量可分解为两个方面：一方面是汽车维修服务全过程的服务质量，包括维修业务接待、维修进度、维修经营管理（主要指收费）的质量水平；另一方面是汽车维修作业的生产技术质量，具体是指维修竣工汽车满足相应竣工出厂技术条件的一种定量评价。

2. 汽车维修质量的评定参数

汽车维修质量的主要衡量标志是经维修的汽车是否符合相应的竣工出厂技术条件。这里所讲的"技术条件"即汽车主要性能参数（也可称为质量特性参数），是汽车维修质量的主要评定参数。

（1）动力性。汽车的动力性通常用发动机功率、底盘输出功率和汽车直接挡加速时间来衡量。

（2）燃料经济性。汽车的燃料经济性通常用汽车经济车速百公里油耗来衡量。

（3）制动性能。汽车的制动性能通常用制动距离、制动稳定性或制动力、制动力平衡、车轮阻滞力、制动系统协调时间和驻车制动力来衡量。

（4）转向操纵性。汽车的转向操纵性通常用转向轮的侧滑量、转向盘操纵力及最大自由转动量来衡量。

（5）废气排放和噪声。汽车废气排放和噪声主要用怠速污染物排放量（汽油车）、自由加速烟度排放量（柴油车）和噪声级来衡量。

（6）密封性。汽车的密封性有汽车防雨、防尘密封性和连接件密封性两个方面。

（7）可靠性。汽车各总成部件的连接状况，灯光、仪表的工作状况等。

3. 维修企业的汽车维修质量

维修企业的汽车维修质量反映该企业的整体服务水平和服务信誉，其主要标志是汽车维修竣工出厂质量监督抽查一次合格率、返修率、投诉率，以及汽车维修质量纠纷和质量事故发生的情况等。

（二）汽车维修质量检验

1. 汽车维修质量检验的概念

1）汽车维修质量检验的定义

汽车维修质量检验是指采用一定的检验测试手段和检查方法，测定汽车维修过程中和维修后（含整车、总成、零件、工序等）的质量特性，然后将测定的结果同规定的汽车维修质量评定参数标准相比较，从而对汽车维修质量做出合格或不合格的判断。

2）汽车维修质量检验的目的

对于汽车维修企业，进行汽车维修质量检验的目的是对汽车维修过程实行全面质量控制，判断汽车维修后是否符合有关质量标准，对竣工车辆检验代表汽车维修企业，同时也代表托修方验收维修质量。对于汽车维修质量管理机构，进行汽车维修质量检验是为了实施行业质量监督。

3）汽车维修质量检验的方法

汽车维修质量检验的方法分为两类：一类是传统的经验检视方法；另一类是借助于各种量具、仪器、设备对其进行参数测试的方法。经验检视方法凭人的感官检查、判断，带有较大的盲目性；仪器仪表测试可通过定性或定量的测试和分析，准确地评价和掌握汽车技术状况。随着现代科学技术的进步，特别是汽车不解体检测技术的发展，人们可以在室内或特定的道路条件下，不解体测试汽车的各种性能，而且安全、迅速、准确。

4）汽车维修质量检验的工作步骤

汽车维修质量检验是一个过程，一般包括以下工作步骤：

（1）明确汽车维修质量要求。根据汽车维修技术标准和考核汽车技术状态的指标，明确检验的项目和各项质量标准。

（2）测试。用一定的方法和手段测试维修汽车或总成有关技术性能参数，得到质量特性值。

（3）比较。将测试得到的反映质量特性值的数据同质量标准要求做比较，确定是否符合汽车维修质量要求。

（4）判定。根据比较的结果判定汽车或总成维修质量是否合格。

（5）处理。对维修质量合格的汽车发放"汽车维修竣工出厂合格证"，对不合格的维修汽车，记录所测得的数值和判定的结果，查找原因并进行反馈，以便促使维修工序改进质量。

2. 汽车维修质量检验分类及检验内容

1）按检验对象分类

（1）汽车维修质量检验。

（2）自制件、改装件质量检验。

（3）燃料、润滑油及原材料（含外购、外协件）质量检验。

（4）机械设备、计量器具等质量检验。

2）按检验方式分类

（1）自检。自检指维修人员对自己操作完成的工作，认真地对照汽车维修技术标准，自我进行质量评定（是否合格，分析原因，提出改进措施，杜绝不合格维修质量）。自检是汽车维修中最直接、最基本、最全面的检验。自检中维修人员对维修质量进行自我评定，坚持实事求是的态度是自检的关键，这一环节保证了，整个汽车维修质量才有保证。

（2）互检。互检指下一道维修工序对上一道维修工序的质量检验，如汽车二级维护作业中，安装制动摩擦片时对制动鼓（或制动盘）的工作表面加工质量进行检验。过程检验员对维修过程中维修操作人员维修质量的抽检也属于互检范围。互检重点是对关键维修部位维修质量进行抽检把关，以免给后道维修工序的工作甚至维修竣工汽车造成不必要的后患、故障和返工。

（3）专职检验。专职检验指对汽车维修过程中的关键点（维修质量控制点）进行预防性检验及整车维修竣工出厂的把关性总检验。汽车维修企业应根据其规模配备足够的专职过程检验员和竣工出厂的总检验员，严把汽车维修质量关。

3）按汽车维修工艺过程分类

（1）进厂检验。

进厂检验是对送修汽车进行外部检视和交接（严格地讲，进厂送修车的外检并不属于质量检验的范畴），必要时进行简单的测量和路试以验证报修项目的准确性。

进厂送修车交接检验的目的在于填写双方认可的汽车交接清单，办理交接手续，承修方通过对送修汽车的外观和行驶检查，制订修理计划。送修汽车的进厂检验可由检验部门专职检验员配合生产部门进行，也可由生产部门的调度员兼任。

在现行的汽车维护制度中，要求汽车二级维护前应进行各部分技术性能参数的检测诊断，为确定附加作业项目提供分析依据。这种维护前检测也可归为进厂检验的一种。

汽车或总成送修前应进行修前检验，即送修技术鉴定，根据鉴定结果有针对性地安排维修，以免超前维修或失修。

（2）零件分类检验。

大修汽车或总成解体、零部件清洗后，应按技术标准进行检验分类，将原件分为可用的、需修的和报废的三大类。分类的主要依据：是否超过修理规范中规定的"大修允许"和"使用极限"。凡零件磨损尺寸和形位误差在大修允许范围内的为可用件；凡零件的磨损尺寸或形位误差超过允许值，但仍可修复使用的为需修件；凡零件严重损坏，无法修复或修理成本太高的，为报废件。

（3）汽车维修过程检验。

汽车维修过程检验又称工序检验，其目的在于防止不合格的零件装配到总成或部件中；防止不合格的总成或部件装到整车上。

汽车维修过程检验是汽车维修质量管理工作中的重要环节，没有过程的质量控制就没有整体质量保证。汽车维修过程检验一般由承修人员负责自检，专职过程检验员抽检，维修中的关键零部件、重要工序以及总成的性能试验均属专职过程检验员的检验范畴。汽车维修企业应根据自身的实际情况确定必要的维修质量控制点，由专职维修过程检验员进行强制性检验。

汽车维修过程检验是控制汽车维修质量的关键，而质量控制点是汽车维修质量管理和质量保证活动中需要控制的关键部位和薄弱环节；质量控制点设在关键、重要特性所在的

工序或项目中，保证质量的稳定；在汽车维修过程中，重复故障及合格率低的工序，对下一道维修工序影响大的工序中应设几个检验点，使影响该工序质量的因素处于受控状态是很必要的。如发动机总成修理中，气缸的搪磨加工质量，影响发动机装配质量和工作性能，应视为质量控制关键部位，严加控制。

（4）汽车维修竣工出厂检验。

汽车维修竣工出厂检验必须由专职汽车维修质检员承担。一般在汽车维修竣工后、交车（或送汽车维修质量监督检验站或检测中心检测）前进行。汽车维修质检员对照维修质量技术标准，全面检查汽车，测试有关性能参数。汽车检验合格后签发"汽车维修竣工出厂合格证"，并向用户交付有关技术资料。汽车维修竣工出厂后在质量保证期内汽车发生故障或损坏，承修方和托修方按有关规定划分和承担相应的责任。

（5）汽车的返修鉴定。

返修是对维修质量不合格汽车的补救和纠正措施。汽车返修的检测、判断工作应由质检员负责。检验员通过检验和鉴定，分清责任，组织、协调和实施返修，并登记、填写汽车返修记录表。

（6）汽车维修质量评定检验。

经道路运政管理机构认定的汽车维修质量监督检验站（或检测中心）对汽车维修企业的维修竣工车辆进行质量评定的抽检。

二、提高汽车维修质量管理

（一）汽车维修质量管理的概念

汽车维修质量取决于许多相关因素，实践表明，旨在改善维修质量的一些个别与零散措施都不能产生对汽车维修质量进行整体控制的预期效果。为了提高汽车维修质量，必须系统地实施一些综合管理措施。

汽车维修质量管理是为保证和提高汽车维修质量所进行的调查、计划、组织、协调、控制、检验、处理及信息反馈等各项活动的总称。

汽车维修质量管理应理解为一种经常性的和有计划的工作过程，应贯穿于汽车维修服务全过程，其目的在于完善工艺方法和维修组织形式，以保证修竣出厂汽车的技术状况及其使用性能的最佳水平。

汽车维修质量管理是汽车维修企业管理系统中的一项重要组成部分。

（二）汽车维修质量管理职能

1. 制定汽车维修质量方针和目标

汽车维修质量方针即汽车维修质量管理的政策性法规，如交通部发布的第28号令《汽车维修质量管理办法》，明确管理职责和工作要求及必须遵循的规章和标准、质量管理制度等。

汽车维修质量管理目标指经过全面质量管理汽车维修质量所要达到的质量评价指标，如竣工出厂检测一次合格率、返修率等。

2. 汽车维修质量控制

汽车维修质量控制指为保证和提高汽车维修质量，满足汽车技术状况要求，所采取的维修技术活动。汽车维修质量控制过程包括以下几个步骤：

（1）确定汽车维修质量的控制对象，即确定所要控制的汽车技术经济指标，如汽车二级维护竣工，发动机动力性能应满足：发动机功率应不小于额定功率的85%。

（2）制定作为汽车维修质量控制依据的标准。

（3）确定评价和衡量汽车维修质量控制对象的方法，一般应以各项标准规定的方法进行。

（4）衡量和评价被控制对象，即衡量和评价维修汽车的各项技术性能指标。

（5）说明经维修汽车的实际技术状况与控制标准之间的差异。

（6）找出差异的原因，采取纠正措施。

3. 汽车维修质量保证

所谓汽车维修质量保证，是指为使车主确信维修竣工出厂汽车能够满足汽车维修质量要求所必需的有计划有系统的活动。

1）质量担保（外部质量保证）

质量担保是汽车维修企业在汽车维修质量方面对托修方的一种质量许诺（担保），并具有充足而确凿的汽车维修质量证据。如与托修方签订汽车维修合同、汽车维修竣工出厂实行出厂合格证制度、汽车维修企业必须执行汽车出厂质量保证期制度等。

2）汽车维修质量保证工作（内部质量保证）

为了保证汽车维修质量，汽车维修企业必须加强从待修汽车进厂、维修过程、修竣质量总检验到出厂前送检（送汽车维修质量监督检验站上线检测）全过程的质量管理活动。如质量教育工作、质量信息工作、标准化工作、计量工作以及强化汽车维修质量检验（汽车进厂、维修过程及竣工出厂检验）制度，建立汽车维修技术档案等。

质量保证与前面所讲的质量控制是两个完全不同的概念。但是，质量保证与质量控制的某些活动是相互关联的。质量控制是质量保证的重要内容，只有在生产技术活动中严格质量控制，使汽车维修服务及竣工质量要求全面满足托修方的要求，质量保证才能提供足够的信任。

（三）汽车维修质量管理制度

质量管理方针和目标，是依据有关法规、标准制定的管理规章，如明确汽车维修质量管理职责和质量管理方针及目标，提出实施汽车维修质量检验制度等。汽车维修质量管理制度是汽车维修质量管理工作的行为准则。目前，汽车维修行业实施的维修质量管理制度主要有以下几方面：

1. 汽车维修质量检验人员的培训、考核及持证上岗制度

汽车维修生产中配备合格的检验人员是汽车维修质量的根本保证。各级道路运政管理机构应做好对各维修企业（或业户）质量检验人员的培训、考核和资格认定工作。只有通过认定的检验人员才有资格签发竣工出厂合格证，否则视为无效。道路运政管理机构要加强对质量检验人员的管理，对责任心不强、弄虚作假者要及时处理，吊扣其质检人员上岗证及质检人员编号章。

2. 汽车维修质量检验制度

汽车维修质量检验以汽车维修企业自检为主，实行专职人员检验与维修工人自检、互检相结合的检验制度；道路运政管理机构以定期或不定期的形式对汽车维修企业的维修质量进行抽查，以加强日常的质量监督管理工作。

3. 汽车维修配件、辅助原材料检验制度

《汽车维修质量纠纷调解办法》明确指出：汽车维修企业作为承修方，在汽车维修质量事故中承担"使用有质量问题的配件、油料或装前未经鉴定"的责任。为加强对汽车维修配件质量控制，避免因使用有质量问题的配件、辅助原材料而造成的汽车维修质量事故，企业应落实对配件、原材料的检验工作。

4. 计量管理制度

计量管理是对汽车维修、检验过程中所用计量器具、检测仪器的管理。严格执行计量器具定期检定、保证量值传递的准确性是计量管理的中心内容。

5. 汽车维修技术档案管理制度

这是质量信息工作的保证。只有做好汽车维修检验原始记录并妥善保存，才能为质量管理提供可靠的质量评定依据和反馈信息，有助于保证和提高汽车维修质量。

6. 汽车维修竣工出厂合格证制度

对进行二级维护以上维修作业的汽车，实行竣工出厂合格证制度是保证汽车维修质量的一项重要措施。汽车修竣后要经专职检验员按验收标准进行严格的检验，经检验合格签发出厂合格证。"汽车维修竣工出厂合格证"由道路运政管理机构统一印制和发放。

7. 汽车维修竣工出厂质量保证期制度

汽车维修质量除要求经维修恢复汽车技术性能外，还要求汽车维修质量稳定，保证有一定的使用期限。因此，实行汽车维修竣工出厂质量保证期制度是提高汽车维修质量、维护用户合法权益的一项重要措施。质量保证期的长短是根据维修作业的级别、作业的深度来确定的。目前，汽车和危险货物运输车辆整车修理或总成修理质量保证期为车辆行驶 2 万 km 或者 100 日；二级维护质量保证期为车辆行驶 5 000 km 或者 30 日；一级维护、小修及专项修理质量保证期为车辆行驶 2 000 km 或者 10 日。其他机动车整车修理或者总成修理质量保证期为机动车行驶 6 000 km 或者 60 日；维护、小修及专项修理质量保证期为机动车行驶 700 km 或者 7 日。质量保证期中行驶里程和日期指标，以先达到者为准。机动车维修质量保证期，从维修竣工出厂之日起计算。

8. 汽车维修质量返修制度

在质量保证期内，因维修质量造成汽车的故障和损坏，维修企业应优先安排返修，并承担全部返修费用，如因维修质量造成机件事故和经济损失，由承修方负责。

（四）汽车维修质量管理体系

全面质量管理是企业为了保证和提高产品质量，综合运用一整套质量管理体系、手段和方法所进行的系统管理活动。全面质量管理的一个重要特点就在于管理的全面性。它体现在：管理的质量是全面的，管理质量的方法、手段是全面的，是全面质量、全过程、全员参加、运用全面管理办法的质量管理。

1. 全面质量管理的基础是"全员"参与

这里的"全员"指该组织机构中所有部门和所有层次的人员。因为影响质量的因素是全方位的，哪一个环节出了问题，都会影响到整体质量，所以质量管理应渗透到生产全过程，落实到全方位。只有全员增强质量意识，全方位抓质量，才能确保最终的产品符合质量要求。当然，在全员参与质量管理的过程中，最高管理者强有力和持续的领导以及该组织内所有成员的教育和培训是这种管理途径取得成功所必不可少的。

2. 全面质量管理与组织及社会受益的目标是一致的

在全面质量管理中，质量这个概念和内部管理目标的实现有着密切的联系。现在所说的"质量是企业的生命，有质量就有效益"就是这个概念。另外，通过质量管理让"社会受益"也是必要的。"社会受益"意味着在需要时应通过全面质量管理满足"社会要求"，即满足有关国家法律、法规、规章以及能源和自然资源保护、安全等方面的要求，这是一个组织应尽的社会义务。因此，全面质量管理是确保企业收益、树立企业社会形象的一项重要内容。

根据上述概念，全面质量管理的性质应理解为：

（1）一种科学管理的理论方法。

（2）更强调了对人员能动性的激励。

（3）全面质量管理导致了长期的全球管理战略以及组织内的所有成员为了其组织自身及其成员、顾客和社会的整体利益而参与的概念。

3. 汽车维修质量管理体系

为实施汽车维修质量全面管理，将管理工作的各项内容分别落实到一定的责任机构和责任人，由承担汽车维修各项管理责任的责任机构和责任人所形成的管理系统叫汽车维修质量管理体系。

交通部第 28 号令《汽车维修质量管理办法》明确了汽车维修行业管理和道路运政管理机构对汽车维修质量管理的职责，为汽车维修进行有效的质量控制和质量保证，实现汽车维修质量管理提供了依据。

三、售后维修车辆返修管理制度及流程

以某汽车 4S 店维修管理制度为例。

（一）车辆外部返修操作流程

（1）当客户来我售后部抱怨上次车辆维修和车辆保养没有做好时，接待的服务顾问应先了解清楚上次负责维修接待的服务小组，在条件允许的情况下，让此服务小组来接待客户。

（2）此服务小组的服务顾问在对该车辆故障进行初步检测后，如果确定是上次维修不到位，应立即对客户的车辆进行返修作业并向客户致歉，同时填写返修记录表，并将此表立即传达到下一责任人——机电组长。如果是其他新的故障，服务顾问应按正常维修流程及有关制度进行操作，并做好客户相应的解释工作。

（3）机电组长在接到返修车辆的任务委托书后，应立即认真高效地对返修故障进行排除操作，并严格把好自检关，待返修完毕将此车返修记录表送达到下一责任人——质检员/技术经理。

（4）质检员/技术经理在收到此返修车辆的任务委托书及返修记录表后，应及时对返修车辆的故障处理情况进行仔细检查，如果问题仍未解决，按内部返修规定处理。如果问题已解决，将此车返修记录表送达下一责任人——服务经理/服务总监。

（5）服务经理/服务总监签署处理意见后将此车的返修记录表复印并保存，同时递交给原服务顾问，服务顾问在处理完此返修车后，将此车的返修记录表和维修任务委托书一同交客服部保存归档。

（二）车辆内部返修操作流程

质检员或服务顾问对车辆质检时，发现没有达到《质量检验标准》和相关规定，必须立即让服务小组成员进行车辆返工处理，直到检验合格。对于同一辆车同一故障内部返修 3 次仍不合格的情况，质检员或服务顾问需填写返修记录表，按以上外部返修程序操作。

(三)车辆内部返修和外部返修的处罚规定

（1）对车辆外部返修的处罚，因责任原因和操作不当所造成直接经济损失，当事者应承担其所发生费用总额的40%，当事人的班组长或主修人应承担其所发生费用总额的30%，质检员应承担其所发生费用总额的20%，技术主管或车间主管应承担其所发生费用总额的10%，属于内部和外部返修的车辆，取消责任班组或当事责任人对该车辆维工时、产值、台次等项目提成考核的处罚。

（2）在车辆外部返修或质量投诉中，车辆损失情节轻微和未造成直接经济损失的，按责任轻重给予100~1 000元的经济处罚，当事人扣除100~1 000元处罚，主修人或班组长扣除100~1 000元处罚，质检员扣除100~1 000元处罚，技术主管或车间主管扣除100~1 000元处罚。对于外部返修车辆给客户造成直接经济损失严重及反响强烈的，公司和部门将对该事件另行处理。

（3）在内部现场抽查中和外部返修中因表面现象清洁、异响、维修、责任心、操作规范等原因，可以通过听、看、查、摸等手段查出而没有检查出故障而引起的外部返修，其所造成直接经济损失的当事人应承担其所发生费用总额的40%，当事人的班组长或主修人应承担其所发生费用总额的20%，质检员应承担其所发生费用总额的30%，服务顾问应承担其所发生费用总额的10%。

（4）在车辆维修中，因责任原因和操作不当所造成的直接经济损失，1 000元以下的当事责任人承担其所发生费用总额80%的损失赔偿；1 000元以上的当事责任人承担其所发生费用总额60%的损失赔偿，性质严重的将追究相关的刑事责任。

（5）内部返修车辆首次50~500元/次的处罚，同一主修和同一问题第二次100~1 000元/次处罚，第三次按外部返修处理。

（6）内部和外部返修检查车辆中，发现漏项。缺项等按50元/（次·项）处罚，故障没有排除的按200元/次处罚，检查不合格内容合计两项以上的取消责任班组或当事责任人对该车辆提成考核的处罚，故障排除根据情况将给当事人以50~100元/次的奖励。

（7）返修车辆中拒绝工作安排的责任人按200元/次处罚，返修单拒绝签字的责任人按50元/次处罚。

（8）对于已经开出的返修单，无特殊情况要求在3天内必须返回单据，到期没有返回的，将对该车的结算工时不进行结算至班组，同时给予主修人、质检员、技术主管、技术经理、车间主管、车间主任、服务顾问的相关责任人以50元/次的处罚。

（9）涉及维修项目的细节没有做好的，如工单填写、数据与事实不符、填写不齐全、填写错误、没有在维修单上建议存在的安全隐患的项目等本月第一次10元/次，第二次后按翻倍递增处罚。

（10）返修项目班组在维修时间上优先安排，不得借故拖延。

（11）对返修内容有异议的可向主管和技术经理或服务经理等反映，绝不允许以此为理由进行拒签。

（12）返修车辆工作完成后，必须先班组自检，交给质检员进行复检，服务顾问交车前检验确认合格才可交给客户接车。服务中客户抱怨要求作让步处理的事件，主修人也要写出返修应采取的措施和经过，不合格车辆要求出厂的必须有服务经理/服务总监签字确认才可放行。

任务三　维修增项的处理

案例分析：服务顾问小张接到维修技师王凯的通知，王凯在对客户李某某车辆进行维修前环检时发现，客户车辆的后刹车片偏薄，继续行驶对车辆的制动不利。维修技师王凯建议更换后刹车片。服务顾问小张这时该如何处理？

在汽车维修中，像上面这样的案例非常多，作为一名合格的服务顾问，应当全面地掌握有关车辆维修保养的流程。在上一单元和本单元前部已经介绍了有关车辆保养的服务流程，对车辆维修的服务流程也做了针对性介绍，本节中对在车辆维修维护中发现的增项处理进行介绍。

一、什么是维修增项

维修增项服务一般分为两种情况：

第一种情况，对于车辆的维修作业来说，车主对故障的描述不一定全面，某些问题，服务顾问在故障问诊中没有记录下来，因此，维修技师在做维修作业时，就有可能发现问题，这种新产生的问题，需要进行的维修作业就叫作增项服务。做好增项服务对客户、对汽车维修企业都是非常重要的。

第二种情况，在正常维修作业过程中，由于某种情况，客户对车辆维修有新的服务需求，向服务顾问提出增加新的维修服务。

这两种情况都很普遍，服务顾问应加强办理增项服务的业务意识。

二、维修增项的处理流程

增项服务的作业流程如图 3-3 所示。

增项沟通

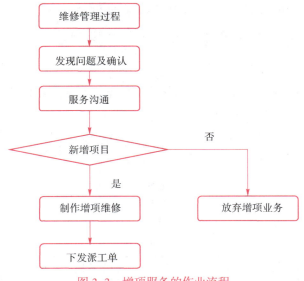

图 3-3　增项服务的作业流程

1. 维修过程控制

在车辆维修过程中，按照服务顾问工作要求，服务顾问应当随时查看维修进度，针对客户类型，及时与维修技师沟通，督促维修进度。

2. 发现新问题和新问题确认

车辆在维修过程中总会出现各种问题，对于出现的问题，作为维修技师应及时与服务顾问联系，服务顾问和维修技师共同对该问题进行探讨，对该问题的处理意见进行沟通确认：该项目需要多长时间？是否有必要进行维修？维修配件是否齐全？只有相关问题得到确认后，服务顾问才可与客户联系沟通相关事宜。

这个阶段属于企业内部沟通问题，相对容易解决，本着对客户负责的态度，为企业着想的原则，服务顾问和维修技师都需要本着实事求是的原则，不夸大也不敷衍，把问题弄清楚。

3. 服务沟通

服务沟通属于汽车售后服务流程中的服务关怀部分，加强服务沟通对于提升服务品质有重要的意义，服务顾问通过恰当的沟通方式和态度（沟通技巧），将客户需要知道的信息传递给客户，服务顾问应将该问题的情况详尽地向客户描述清楚，问题出现的原因，以及该问题如果得不到维修的情况下对车辆的使用将造成什么样的后果，对于无关紧要的问题，可建议客户在方便的情况下再来维修，以方便客户选择。

4. 新增项目确认

通过服务沟通环节，使客户了解了问题发生的原因，问题处理以及不处理的后果。服务顾问应将解决该问题是否必要，需要的时间，费用情况，向客户一一解释清楚。是否进行维修交于客户决定，问题较严重时，可采取录音方式，避免问题较严重而客户执意不维修，车辆发生意外引起的纠纷。

客户同意进行增项维修后,服务顾问应马上打印维修工单,并向客户解释工单上的信息,例如维修材料、工时费等,客户清楚后,请客户签字确认。

5. 下达派工单

客户签字完后,服务顾问方可向维修作业部门下达维修增项作业任务。需要完成的任务委托书见图 3-4。

任务委托书

客户:　　　　　　　　　　　　　　地址:
委托书号:　　　　　　　　　　　　联系人:
送修日期:　　　　　　　　　　　　电话:
移动电话:　　　　　　　　　　　　约定交车:

牌照号	颜色	底盘号	发动机号	万公里	购车日期	旧件带走	是否洗车
						是□ 否□	是□ 否□
车型			付款方式			油箱	满 1/2 空
生产日期			客户描述				

维修项目						
项目代码	项目名称	工时费	工时	性质	主修人	项目属性
小计						

维修增项				
项目名称	工时费	性质	确认方式	客户签字

预估费用合计:
注:客户凭此委托书提车,请妥善保管
检查员:　　　　　　　机修:　　　　　　　钣金:
油漆:　　　　　　　　站长:
地址:　　　　　　　　　　　　　　服务顾问:
电话:　　　　　　　　　　　　　　制单:
说明:24 h 救援电话:0431-85751850
开工时间:　时　分　　完工时间:　时　分
质检开始:　时　分　　质检完成:　时　分　　交车时间:　时　分

图 3-4　任务委托书

三、维修增项注意事项

（1）若维修工作被推迟，应尽快与客户联系，说明维修工作推迟原因，获得客户同意，重新修正交车时间。

（2）若需追加维修工作或更换配件，可从安全性和经济性等方面向客户说明追加工作的必要性，解释发生的额外费用。

（3）根据与客户沟通的结果变更委托书，包括被联系人姓名、谈话的日期和时间、经过客户签字认可的维修条款、修改后费用和交车时间等。

四、维修增项应对话术

作为一名合格的服务顾问，应当熟练掌握维修增项的沟通话术，通过不断的总结和归纳，在实践中提高业务水平。

掌握汽车故障发生的原因及处理办法是提高服务顾问业务水平的重要基础。

话术示例：

在本节开始的案例中，服务顾问如何就本次增项服务同客户沟通呢？

服务顾问小王：李先生，您好！现在有个问题需要向您汇报一下。

李先生：什么问题？

服务顾问小王：我们的维修技师王凯在对您的车辆进行例行检查时发现，车辆的后刹车片过薄，按照安全标准应该进行更换。

李先生：有必要马上进行更换吗？过一段时间再换可以吗？

服务顾问小王：根据维修技师检查，后刹车片过薄，导致后刹车制动能力较弱，目前在市区内行驶还看不出有什么严重问题，但上高速，一旦有紧急情况，可能会导致刹车距离过长，容易引起交通事故，您看是这次更换还是下次更换呢？

李先生：嗯，更换刹车片大约需要多久？费用大约是多少？

服务顾问小王：李先生，更换刹车片大约需要 30 min，费用是 370 元，如果需要更换的话，请随我来办理手续。

李先生：哦，那就换吧。

五、交通运输部《机动车维修管理规定》

掌握我国对汽车维修行业的要求，学习国家关于这方面的要求是非常有必要的。为了规范汽车修理行业的维修质量，国家交通运输部在 2016 年 4 月 14 日通过了关于修改《机动车维修管理规定》的决定（交通运输部令 2016 年第 37 号），各汽车维修企业应当按照该规定执行，具体内容如下：

机动车维修管理规定

（交通运输部于 2015 年 8 月 8 日发布《交通运输部关于修改〈机动车维修管理规定〉的决定》第一次修正；于 2016 年 4 月 19 日发布《交通运输部关于修改〈机动车维修管理规定〉的决定》第二次修正）

第一章 总 则

第一条 为规范机动车维修经营活动，维护机动车维修市场秩序，保护机动车维修各方当事人的合法权益，保障机动车运行安全，保护环境，节约能源，促进机动车维修业的健康发展，根据《中华人民共和国道路运输条例》及有关法律、行政法规的规定，制定本规定。

第二条 从事机动车维修经营的，应当遵守本规定。

本规定所称机动车维修经营，是指以维持或者恢复机动车技术状况和正常功能，延长机动车使用寿命为作业任务所进行的维护、修理以及维修救援等相关经营活动。

第三条 机动车维修经营者应当依法经营，诚实信用，公平竞争，优质服务，落实安全生产主体责任和维修质量主体责任。

第四条 机动车维修管理，应当公平、公正、公开和便民。

第五条 任何单位和个人不得封锁或者垄断机动车维修市场。

托修方有权自主选择维修经营者进行维修。除汽车生产厂家履行缺陷汽车产品召回、汽车质量"三包"责任外，任何单位和个人不得强制或者变相强制指定维修经营者。

鼓励机动车维修企业实行集约化、专业化、连锁经营，促进机动车维修业的合理分工和协调发展。

鼓励推广应用机动车维修环保、节能、不解体检测和故障诊断技术，推进行业信息化建设和救援、维修服务网络化建设，提高机动车维修行业整体素质，满足社会需要。

鼓励机动车维修企业优先选用具备机动车检测维修国家职业资格的人员，并加强技术培训，提升从业人员素质。

第六条 交通运输部主管全国机动车维修管理工作。

县级以上地方人民政府交通运输主管部门负责组织、领导本行政区域的机动车维修管理工作。

县级以上道路运输管理机构负责具体实施本行政区域内的机动车维修管理工作。

第二章 经营许可

第七条 机动车维修经营依据维修车型种类、服务能力和经营项目实行分类许可。

机动车维修经营业务根据维修对象分为汽车维修经营业务、危险货物运输车辆维修经营业务、摩托车维修经营业务和其他机动车维修经营业务四类。

汽车维修经营业务、其他机动车维修经营业务根据经营项目和服务能力分为一类维修经营业务、二类维修经营业务和三类维修经营业务。

摩托车维修经营业务根据经营项目和服务能力分为一类维修经营业务和二类维修经营业务。

第八条 获得一类、二类汽车维修经营业务或者其他机动车维修经营业务许可的，可以从事相应车型的整车修理、总成修理、整车维护、小修、维修救援、专项修理和维修竣工检验工作；获得三类汽车维修经营业务（含汽车综合小修）、三类其他机动车维修经营业务许可的，可以分别从事汽车综合小修或者发动机维修、车身维修、电气系统维修、自动变速器维修、轮胎动平衡及修补、四轮定位检测调整、汽车润滑与养护、喷油泵和喷油器维修、曲轴修磨、气缸镗磨、散热器维修、空调维修、汽车美容装潢、汽车玻璃安装及修复等汽车专项维修工作。具体有关经营项目按照《汽车维修业开业条件》（GB/T 16739）相关条款的规定执行。

第九条 获得一类摩托车维修经营业务许可的，可以从事摩托车整车修理、总成修理、整车维护、小修、专项修理和竣工检验工作；获得二类摩托车维修经营业务许可的，可以从事摩托车维护、小修和专项修理工作。

第十条 获得危险货物运输车辆维修经营业务许可的，除可以从事危险货物运输车辆维修经营业务外，还可以从事一类汽车维修经营业务。

第十一条 申请从事汽车维修经营业务或者其他机动车维修经营业务的，应当符合下列条件：

（一）有与其经营业务相适应的维修车辆停车场和生产厂房。租用的场地应当有书面的租赁合同，且租赁期限不得少于1年。停车场和生产厂房面积按照国家标准《汽车维修业开业条件》（GB/T 16739）相关条款的规定执行。

（二）有与其经营业务相适应的设备、设施。所配备的计量设备应当符合国家有关技术标准要求，并经法定检定机构检定合格。从事汽车维修经营业务的设备、设施的具体要求按照国家标准《汽车维修业开业条件》（GB/T 16739）相关条款的规定执行；从事其他机动车维修经营业务的设备、设施的具体要求，参照国家标准《汽车维修业开业条件》（GB/T 16739）执行，但所配备设施、设备应与其维修车型相适应。

（三）有必要的技术人员：

1. 从事一类和二类维修业务的应当各配备至少1名技术负责人员、质检员、业务接待人员以及从事机修、电器、钣金、涂漆的维修技术人员。技术负责人员应当熟悉汽车或者其他机动车维修业务，并掌握汽车或者其他机动车维修及相关政策法规和技术规范；质检员应当熟悉各类汽车或者其他机动车维修检测作业规范，掌握汽车或者其他机动车维修故障诊断和质量检验的相关技术，熟悉汽车或者其他机动车维修服务收费标准及相关政策法规和技术规范，并持有与承修车型种类相适应的机动车驾驶证；从事机修、电器、钣金、涂漆的维修技术人员应当熟悉所从事工种的维修技术和操作规范，并了解汽车或者其他机动车维修及相关政策法规。各类技术人员的配备要求按照《汽车维修业开业条件》（GB/T 16739）相关条款的规定执行。

2. 从事三类维修业务的，按照其经营项目分别配备相应的机修、电器、钣金、涂漆的维修技术人员；从事汽车综合小修、发动机维修、车身维修、电气系统维修、自动变速器维修的，还应当配备技术负责人员和质检员。各类技术人员的配备要求按照国家标准《汽车维修业开业条件》（GB/T 16739）相关条款的规定执行。

（四）有健全的维修管理制度。包括质量管理制度、安全生产管理制度、车辆维修档案管理制度、人员培训制度、设备管理制度及配件管理制度。具体要求按照国家标准《汽车维修业开业条件》（GB/T 16739）相关条款的规定执行。

（五）有必要的环境保护措施。具体要求按照国家标准《汽车维修业开业条件》（GB/T 16739）相关条款的规定执行。

第十二条　从事危险货物运输车辆维修的汽车维修经营者，除具备汽车维修经营一类维修经营业务的开业条件外，还应当具备下列条件：

（一）有与其作业内容相适应的专用维修车间和设备、设施，并设置明显的指示性标志；

（二）有完善的突发事件应急预案，应急预案包括报告程序、应急指挥以及处置措施等内容；

（三）有相应的安全管理人员；

（四）有齐全的安全操作规程。

本规定所称危险货物运输车辆维修，是指对运输易燃、易爆、腐蚀、放射性、剧毒等性质货物的机动车维修，不包含对危险货物运输车辆罐体的维修。

第十三条　申请从事摩托车维修经营的，应当符合下列条件：

（一）有与其经营业务相适应的摩托车维修停车场和生产厂房。租用的场地应有书面的租赁合同，且租赁期限不得少于 1 年。停车场和生产厂房的面积按照国家标准《摩托车维修业开业条件》（GB/T 18189）相关条款的规定执行。

（二）有与其经营业务相适应的设备、设施。所配备的计量设备应符合国家有关技术标准要求，并经法定检定机构检定合格。具体要求按照国家标准《摩托车维修业开业条件》（GB/T 18189）相关条款的规定执行。

（三）有必要的技术人员：

1. 从事一类维修业务的应当至少有 1 名质检员。质检员应当熟悉各类摩托车维修检测作业规范，掌握摩托车维修故障诊断和质量检验的相关技术，熟悉摩托车维修服务收费标准及相关政策法规和技术规范。

2. 按照其经营业务分别配备相应的机修、电器、钣金、涂漆的维修技术人员。机修、电器、钣金、涂漆的维修技术人员应当熟悉所从事工种的维修技术和操作规范，并了解摩托车维修及相关政策法规。

（四）有健全的维修管理制度。包括质量管理制度、安全生产管理制度、摩托车维修档案管理制度、人员培训制度、设备管理制度及配件管理制度。具体要求按照国家标准《摩托车维修业开业条件》（GB/T 18189）相关条款的规定执行。

（五）有必要的环境保护措施。具体要求按照国家标准《摩托车维修业开业条件》（GB/T 18189）相关条款的规定执行。

第十四条 申请从事机动车维修经营的，应当向所在地的县级道路运输管理机构提出申请，并提交下列材料：

（一）《交通行政许可申请书》、有关维修经营申请者的营业执照原件和复印件；

（二）经营场地（含生产厂房和业务接待室）、停车场面积材料、土地使用权及产权证明原件和复印件；

（三）技术人员汇总表，以及各相关人员的学历、技术职称或职业资格证明等文件原件和复印件；

（四）维修检测设备及计量设备检定合格证明原件和复印件；

（五）按照汽车、其他机动车、危险货物运输车辆、摩托车维修经营，分别提供本规定第十一条、第十二条、第十三条规定条件的其他相关材料。

第十五条 道路运输管理机构应当按照《中华人民共和国道路运输条例》和《交通行政许可实施程序规定》规范的程序实施机动车维修经营的行政许可。

第十六条 道路运输管理机构对机动车维修经营申请予以受理的，应当自受理申请之日起15日内做出许可或者不予许可的决定。符合法定条件的，道路运输管理机构做出准予行政许可的决定，向申请人出具《交通行政许可决定书》，在10日内向被许可人颁发机动车维修经营许可证件，明确许可事项；不符合法定条件的，道路运输管理机构做出不予许可的决定，向申请人出具《不予交通行政许可决定书》，说明理由，并告知申请人享有依法申请行政复议或者提起行政诉讼的权利。

机动车维修经营者应当在取得相应工商登记执照后，向道路运输管理机构申请办理机动车维修经营许可手续。

第十七条 申请机动车维修连锁经营服务网点的，可由机动车维修连锁经营企业总部向连锁经营服务网点所在地县级道路运输管理机构提出申请，提交下列材料，并对材料真实性承担相应的法律责任：

（一）机动车维修连锁经营企业总部机动车维修经营许可证件复印件；

（二）连锁经营协议书副本；

（三）连锁经营的作业标准和管理手册；

（四）连锁经营服务网点符合机动车维修经营相应开业条件的承诺书。

道路运输管理机构在查验申请资料齐全有效后，应当场或在5日内予以许可，并发给相应许可证件。连锁经营服务网点的经营许可项目应当在机动车维修连锁经营企业总部许可项目的范围内。

第十八条　机动车维修经营许可证件实行有效期制。从事一、二类汽车维修业务和一类摩托车维修业务的证件有效期为 6 年；从事三类汽车维修业务、二类摩托车维修业务及其他机动车维修业务的证件有效期为 3 年。

机动车维修经营许可证件由各省、自治区、直辖市道路运输管理机构统一印制并编号，县级道路运输管理机构按照规定发放和管理。

第十九条　机动车维修经营者应当在许可证件有效期届满前 30 日到做出原许可决定的道路运输管理机构办理换证手续。

第二十条　机动车维修经营者变更经营资质、经营范围、经营地址、有效期限等许可事项的，应当向做出原许可决定的道路运输管理机构提出申请；符合本章规定许可条件、标准的，道路运输管理机构依法办理变更手续。

机动车维修经营者变更名称、法定代表人等事项的，应当向做出原许可决定的道路运输管理机构备案。

机动车维修经营者需要终止经营的，应当在终止经营前 30 日告知做出原许可决定的道路运输管理机构办理注销手续。

第三章　维修经营

第二十一条　机动车维修经营者应当按照经批准的行政许可事项开展维修服务。

第二十二条　机动车维修经营者应当将机动车维修经营许可证件和机动车维修标志牌悬挂在经营场所的醒目位置。

机动车维修标志牌由机动车维修经营者按照统一式样和要求自行制作。

第二十三条　机动车维修经营者不得擅自改装机动车，不得承修已报废的机动车，不得利用配件拼装机动车。

托修方要改变机动车车身颜色，更换发动机、车身和车架的，应当按照有关法律、法规的规定办理相关手续，机动车维修经营者在查看相关手续后方可承修。

第二十四条　机动车维修经营者应当加强对从业人员的安全教育和职业道德教育，确保安全生产。

机动车维修从业人员应当执行机动车维修安全生产操作规程，不得违章作业。

第二十五条　机动车维修产生的废弃物，应当按照国家的有关规定进行处理。

第二十六条　机动车维修经营者应当公布机动车维修工时定额和收费标准，合理收取费用。

机动车维修工时定额可按各省机动车维修协会等行业中介组织统一制定的标准执行，也可按机动车维修经营者报所在地道路运输管理机构备案后的标准执行，也可按机动车生产厂家公布的标准执行。当上述标准不一致时，优先适用机动车维修经营者备案的标准。

机动车维修经营者应当将其执行的机动车维修工时单价标准报所在地道路运输管理机

构备案。

机动车生产厂家在新车型投放市场后6个月内，有义务向社会公布其维修技术信息和工时定额。具体要求按照国家有关部门关于汽车维修技术信息公开的规定执行。

第二十七条 机动车维修经营者应当使用规定的结算票据，并向托修方交付维修结算清单。维修结算清单中，工时费与材料费应当分项计算。维修结算清单标准规范格式由交通运输部制定。

机动车维修经营者不出具规定的结算票据和结算清单的，托修方有权拒绝支付费用。

第二十八条 机动车维修经营者应当按照规定，向道路运输管理机构报送统计资料。道路运输管理机构应当为机动车维修经营者保守商业秘密。

第二十九条 机动车维修连锁经营企业总部应当按照统一采购、统一配送、统一标识、统一经营方针、统一服务规范和价格的要求，建立连锁经营的作业标准和管理手册，加强对连锁经营服务网点经营行为的监管和约束，杜绝不规范的商业行为。

第四章 质量管理

第三十条 机动车维修经营者应当按照国家、行业或者地方的维修标准和规范进行维修。尚无标准或规范的，可参照机动车生产企业提供的维修手册、使用说明书和有关技术资料进行维修。

第三十一条 机动车维修经营者不得使用假冒伪劣配件维修机动车。

机动车维修配件实行追溯制度。机动车维修经营者应当记录配件采购、使用信息，查验产品合格证等相关证明，并按规定留存配件来源凭证。

托修方、维修经营者可以使用同质配件维修机动车。同质配件是指产品质量等同或者高于装车零部件标准要求，且具有良好装车性能的配件。

机动车维修经营者对于换下的配件、总成，应当交托修方自行处理。

机动车维修经营者应当将原厂配件、同质配件和修复配件分别标识，明码标价，供用户选择。

第三十二条 机动车维修经营者对机动车进行二级维护、总成修理、整车修理的，应当实行维修前诊断检验、维修过程检验和竣工质量检验制度。

承担机动车维修竣工质量检验的机动车维修企业或机动车综合性能检测机构应当使用符合有关标准并在检定有效期内的设备，按照有关标准进行检测，如实提供检测结果证明，并对检测结果承担法律责任。

第三十三条 机动车维修竣工质量检验合格的，维修质检员应当签发"机动车维修竣工出厂合格证"；未签发"机动车维修竣工出厂合格证"的机动车不得交付使用，车主可以拒绝交费或接车。

第三十四条 机动车维修经营者应当建立机动车维修档案，并实行档案电子化管理。维修档案应当包括维修合同（托修单）、维修项目、维修人员及维修结算清单等。对机动车进行二级维护、总成修理、整车修理的，维修档案还应当包括质量检验单、质检员、竣工出厂合格证（副本）等。

机动车维修经营者应当按照规定如实填报、及时上传承修机动车的维修电子数据记录至国家有关汽车电子健康档案系统。机动车生产厂家或者第三方开发、提供机动车维修服务管理系统的，应当向汽车电子健康档案系统开放相应数据接口。

机动车托修方有权查阅机动车维修档案。

第三十五条 道路运输管理机构应当加强机动车维修从业人员管理，建立健全从业人员信用档案，加强从业人员诚信监管。

机动车维修经营者应当加强从业人员从业行为管理，促进从业人员诚信、规范从业维修。

第三十六条 道路运输管理机构应当加强对机动车维修经营的质量监督和管理，采用定期检查、随机抽样检测检验的方法，对机动车维修经营者维修质量进行监督。

道路运输管理机构可以委托具有法定资格的机动车维修质量监督检验单位，对机动车维修质量进行监督检验。

第三十七条 机动车维修实行竣工出厂质量保证期制度。

汽车和危险货物运输车辆整车修理或总成修理质量保证期为车辆行驶 2 万 km 或者 100 日；二级维护质量保证期为车辆行驶 5 000 km 或者 30 日；一级维护、小修及专项修理质量保证期为车辆行驶 2 000 km 或者 10 日。

摩托车整车修理或者总成修理质量保证期为摩托车行驶 7 000 km 或者 80 日；维护、小修及专项修理质量保证期为摩托车行驶 800 km 或者 10 日。

其他机动车整车修理或者总成修理质量保证期为机动车行驶 6 000 km 或者 60 日；维护、小修及专项修理质量保证期为机动车行驶 700 km 或者 7 日。

质量保证期中行驶里程和日期指标，以先达到者为准。

机动车维修质量保证期，从维修竣工出厂之日起计算。

第三十八条 在质量保证期和承诺的质量保证期内，因维修质量原因造成机动车无法正常使用，且承修方在 3 日内不能或者无法提供因非维修原因而造成机动车无法使用的相关证据的，机动车维修经营者应当及时无偿返修，不得故意拖延或者无理拒绝。

在质量保证期内，机动车因同一故障或维修项目经两次修理仍不能正常使用的，机动车维修经营者应当负责联系其他机动车维修经营者，并承担相应修理费用。

第三十九条 机动车维修经营者应当公示承诺的机动车维修质量保证期。所承诺的质量保证期不得低于第三十七条的规定。

第四十条 道路运输管理机构应当受理机动车维修质量投诉，积极按照维修合同约定和相关规定调解维修质量纠纷。

第四十一条 机动车维修质量纠纷双方当事人均有保护当事车辆原始状态的义务。必要时可拆检车辆有关部位，但双方当事人应同时在场，共同认可拆检情况。

第四十二条 对机动车维修质量的责任认定需要进行技术分析和鉴定,且承修方和托修方共同要求道路运输管理机构出面协调的,道路运输管理机构应当组织专家组或委托具有法定检测资格的检测机构做出技术分析和鉴定。鉴定费用由责任方承担。

第四十三条 对机动车维修经营者实行质量信誉考核制度。机动车维修质量信誉考核办法另行制定。

机动车维修质量信誉考核内容应当包括经营者基本情况、经营业绩(含奖励情况)、不良记录等。

第四十四条 道路运输管理机构应当建立机动车维修企业诚信档案。机动车维修质量信誉考核结果是机动车维修诚信档案的重要组成部分。

道路运输管理机构建立的机动车维修企业诚信信息,除涉及国家秘密、商业秘密外,应当依法公开,供公众查阅。

第五章 监督检查

第四十五条 道路运输管理机构应当加强对机动车维修经营活动的监督检查。

道路运输管理机构应当依法履行对维修经营者所取得维修经营许可的监管职责,定期核对许可登记事项和许可条件。对许可登记内容发生变化的,应当依法及时变更;对不符合法定条件的,应当责令限期改正。

道路运输管理机构的工作人员应当严格按照职责权限和程序进行监督检查,不得滥用职权、徇私舞弊,不得乱收费、乱罚款。

第四十六条 道路运输管理机构应当积极运用信息化技术手段,科学、高效地开展机动车维修管理工作。

第四十七条 道路运输管理机构的执法人员在机动车维修经营场所实施监督检查时,应当有2名以上人员参加,并向当事人出示交通运输部监制的交通行政执法证件。

道路运输管理机构实施监督检查时,可以采取下列措施:

(一)询问当事人或者有关人员,并要求其提供有关资料;

(二)查询、复制与违法行为有关的维修台账、票据、凭证、文件及其他资料,核对与违法行为有关的技术资料;

(三)在违法行为发现场所进行摄影、摄像取证;

(四)检查与违法行为有关的维修设备及相关机具的有关情况。

检查的情况和处理结果应当记录,并按照规定归档。当事人有权查阅、监督检查记录。

第四十八条 从事机动车维修经营活动的单位和个人,应当自觉接受道路运输管理机构及其工作人员的检查,如实反映情况,提供有关资料。

第六章 法律责任

第四十九条 违反本规定,有下列行为之一,擅自从事机动车维修相关经营活动的,由县级以上道路运输管理机构责令其停止经营；有违法所得的，没收违法所得，处违法所得2倍以上10倍以下的罚款；没有违法所得或者违法所得不足1万元的，处2万元以上5万元以下的罚款；构成犯罪的，依法追究刑事责任：

（一）未取得机动车维修经营许可，非法从事机动车维修经营的；

（二）使用无效、伪造、变造机动车维修经营许可证件，非法从事机动车维修经营的；

（三）超越许可事项，非法从事机动车维修经营的。

第五十条　违反本规定，机动车维修经营者非法转让、出租机动车维修经营许可证件的，由县级以上道路运输管理机构责令停止违法行为，收缴转让、出租的有关证件，处以2 000元以上1万元以下的罚款；有违法所得的，没收违法所得。

对于接受非法转让、出租的受让方，应当按照第四十九条的规定处罚。

第五十一条　违反本规定，机动车维修经营者使用假冒伪劣配件维修机动车，承修已报废的机动车或者擅自改装机动车的，由县级以上道路运输管理机构责令改正，并没收假冒伪劣配件及报废车辆；有违法所得的，没收违法所得，处违法所得2倍以上10倍以下的罚款；没有违法所得或者违法所得不足1万元的，处2万元以上5万元以下的罚款，没收假冒伪劣配件及报废车辆；情节严重的，由原许可机关吊销其经营许可；构成犯罪的，依法追究刑事责任。

第五十二条　违反本规定，机动车维修经营者签发虚假或者不签发机动车维修竣工出厂合格证的，由县级以上道路运输管理机构责令改正；有违法所得的，没收违法所得，处以违法所得2倍以上10倍以下的罚款；没有违法所得或者违法所得不足3 000元的，处以5 000元以上2万元以下的罚款；情节严重的，由许可机关吊销其经营许可；构成犯罪的，依法追究刑事责任。

第五十三条　违反本规定，有下列行为之一的，由县级以上道路运输管理机构责令其限期整改；限期整改不合格的，予以通报：

（一）机动车维修经营者未按照规定执行机动车维修质量保证期制度的；

（二）机动车维修经营者未按照有关技术规范进行维修作业的；

（三）伪造、转借、倒卖"机动车维修竣工出厂合格证"的；

（四）机动车维修经营者只收费不维修或者虚列维修作业项目的；

（五）机动车维修经营者未在经营场所醒目位置悬挂机动车维修经营许可证件和机动车维修标志牌的；

（六）机动车维修经营者未在经营场所公布收费项目、工时定额和工时单价的；

（七）机动车维修经营者超出公布的结算工时定额、结算工时单价向托修方收费的；

（八）机动车维修经营者未按规定建立电子维修档案，或者未及时上传维修电子数据记录至国家有关汽车电子健康档案系统的；

（九）违反本规定其他有关规定的。

第五十四条　违反本规定，道路运输管理机构的工作人员有下列情形之一的，由同级地方人民政府交通运输主管部门依法给予行政处分；构成犯罪的，依法追究刑事责任：

（一）不按照规定的条件、程序和期限实施行政许可的；

（二）参与或者变相参与机动车维修经营业务的；

（三）发现违法行为不及时查处的；

（四）索取、收受他人财物或谋取其他利益的；

（五）其他违法违纪行为。

第七章　附　　则

第五十五条　外商在中华人民共和国境内申请中外合资、中外合作、独资形式投资机动车维修经营的，应同时遵守《外商投资道路运输业管理规定》及相关法律、法规的规定。

第五十六条　机动车维修经营许可证件等相关证件工本费收费标准由省级人民政府财政部门、价格主管部门会同同级交通运输主管部门核定。

第五十七条　本规定自 2005 年 8 月 1 日起施行。经商国家发展和改革委员会、国家工商行政管理总局同意，1986 年 12 月 12 日交通运输部、原国家经济贸易委员会、原国家工商行政管理局发布的《汽车维修行业管理暂行办法》同时废止，1991 年 4 月 10 日交通运输部颁布的《汽车维修质量管理办法》同时废止。

任务工单

工单 3-2 维修增项服务的处理

考核项目	常规维修车辆服务接待流程—维修增项服务				
姓名		学号		班级	
任务要求	● 掌握维修增项的工作流程 ● 掌握增项沟通话术 ● 解释维修增项的费用及作用 ● 解决增项服务的异议				
情景描述	客户：张先生　　　　　联系方式：13123456789 经销商：前进汽车销售服务有限责任公司 预约进店时间：9月13日上午9∶00				
任务计划	人员分工	顾问：		客户：	
任务实施					
自我总结与反思					
自我评价					

过程性考核评价表如表 3-1 所示。

表 3-1 过程性考核评价表

考核内容	维修车辆售后服务接待流程		
考核情况			
序号	考核项目	表现记录	得分
1	接听客户预约电话，主动自我介绍，核实客户信息		
2	询问客户行驶里程，了解客户需求		
3	提醒客户携带保养手册，并完成预约登记表及准备工作		
4	客户车辆来店后，热情迎接问候客户		
5	自我介绍，确认客户姓名，询问客户维修保养需求，并及时记录下来		
6	预约专属服务顾问为客户车辆放置预约标识牌		
7	当客户面为车辆铺设三件套（座椅套、方向盘套、脚垫），与客户共同确认车辆外观，提示客户随身携带车内贵重物品		
8	环车检查结束后，记录环车检车时的问题，填写接车检查单，并请客户确认签字		
9	引导客户到业务前台，根据本次维修项目，开具任务委托书		
10	向客户说明建议维修项目和提醒项目，如同意，加入维修项目；如果不同意，在备注项中填写提醒		
11	向客户说明本次预估维修所需费用及作业时间		
12	请客户签字确认本次任务委托书中维修项目		
13	服务顾问将任务委托书传递到维修车间安排作业		
14	引导客户到休息区等待，客休专员主动向客户问好并询问客户需求，介绍休息区设施		
15	客户可以通过透明车间了解车辆保养进度和内容		
16	如有维修增项产生，服务顾问向客户解释增项的目的和意义，以及追加的项目费用和时间，请客户确认		
17	如客户同意，更新派工单，并将追加项目及时通知车间完成		
18	车间进行三级检查后，确认车辆完成任务委托书中的全部项目		
19	通知客户取车，并与客户共同确认车辆外观、维修保养情况		
20	如有维修保养中拆下的旧件，询问是否带回，取下三件套		
21	引导到业务前台，打印结算单，再次对工单和费用做解释说明		
22	陪同客户到财务办理结算手续		
23	讲解车辆保养常识，说明车辆的使用事项，提示下次保养的时间		
24	引导客户离店，并礼貌送别客户		
25	客户离店 3 天内电话回访本次服务满意度及车间使用情况		
总体评价			

项目四　质保车辆的维修服务

 案例导入：

什么是索赔？

王女士不久前刚刚买了一辆新车，这让她着实高兴了一阵儿。可是拥有新车的喜悦劲儿还没有过去，烦恼就随之而来了。一次王女士开车回家，转弯时突然听见右前轮处有"咯噔、咯噔"的异响。开到特约服务站检查，发现右前轮处的球笼防尘套已经破损，进入其中的泥沙使球笼磨损严重，已经不能使用了。于是王女士找到购车的4S店要求索赔，免费更换球笼和防尘套，但是4S店的索赔员鉴定后认为，球笼防尘套的破损处为三角口，是铁丝等尖锐物体刮扯造成的，不属于防尘套本身的质量问题，所以由此造成的损失不予索赔。得不到索赔的王女士非常困惑，她不明白为什么自己不能行使索赔的权利，不知道是否应该自己承担这些损失。

那什么是索赔呢？汽车售后服务人员应如何为客户进行索赔服务呢？

任务一　质保车辆的索赔

一、什么是索赔

（一）索赔定义

索赔是指汽车在质保期内，即在规定的里程或期限内产品由于自身的质量问题造成无法正常使用，由经销商或者特约维修站为用户做免费更换或维修，由汽车制造商负责免费为用户结算的一种服务方式。索赔是处理用户的质量索赔要求，进行质量鉴定，决定实施或不实施的行为，并向汽车制造商反映用户的实际信息。

（二）索赔工作要点

汽车在质保期内发生质量问题故障和故障处理（维修、更换），用户经4S店进行反馈，4S店工作人员对车辆进行鉴定，并反馈给厂家，目前4S店都有专门的质量索赔岗位，称为索赔员。

1. 汽车索赔员工作职责

（1）充分理解保修索赔政策，熟悉汽车制造厂保修索赔工作的业务知识。

（2）对待用户要热情礼貌、不卑不亢，认真听取用户的质量报怨，实事求是做好每一辆提出索赔申请故障车的政策审核和质量鉴定工作。

（3）严格按照保修索赔政策为用户办理索赔申请。

（4）准确、及时地填报汽车制造厂规定的各类索赔表单和质量情况报告，完整地保管和运送索赔旧件。

（5）积极向用户宣传和解释保修索赔政策。

（6）积极协助用户做好每一次免费保养和例行保养。

（7）在用户的保修保养手册上记录好每一次保修和保养情况。

（8）严格、细致地做好售前检查。

（9）及时准确地向汽车制造厂索赔管理部提交质量信息报告。重大质量问题及时填写重大故障报告单，传真至汽车制造厂索赔管理部。

2. 保修索赔期

1）整车保修索赔期

整车保修索赔期从车辆开具购车发票之日起的36个月内，或车辆行驶累计里程6万km

内，两条件以先达到者为准。即超出以上两范围之一者，该车就超出保修索赔期。整车保修索赔期内，特殊零部件依照各品牌特殊零部件保修索赔期的规定执行。

特殊零部件：控制臂球头销、防尘套、横拉杆、万向节、前后减震器、各类轴承、橡胶件、喷油嘴、喇叭、蓄电池、氧传感器、三元催化转换器等。

2）配件保修索赔期

由特约销售服务站免费更换安装的配件，其保修索赔期随整车保修索赔期结束而结束。由用户付费并由特约销售服务站更换和安装的配件，从车辆修竣后客户验收合格日和公里数算起，其保修索赔期为12个月或4万km（两条件以先达到者为准）。在此期间，因为保修而免费更换的同一配件的保修索赔期为其付费配件保修索赔期的剩余部分，即随着付费配件的保修索赔期结束而结束。

3. 索赔范围

（1）在索赔期内，车辆正常使用情况下整车或配件发生质量故障，修复故障所花费的材料费、工时费属于索赔范围。

（2）在索赔期内，车辆发生故障无法行驶，需要特约销售服务站外出抢修，特约销售服务站在抢修中的交通、住宿等费用属于索赔范围。

（3）汽车制造厂为每一辆车提供两次在汽车特约销售服务站进行免费保养，两次免费保养的费用属于保修索赔范围。

4. 不属于索赔的范围

汽车制造厂特许经销商处购买的每一辆汽车都随车配有一本保修保养手册，该保修保养手册须盖有售出该车的特许经销商的印章，购车客户签名后方可生效。不具有保养手册，或保养手册上印章不全或发现擅自涂改保修保养手册情况的，汽车特约销售服务站有权拒绝客户的索赔申请。

（1）车辆正常例行保养和车辆正常使用中的损耗件不属于索赔范围，例如润滑油、机油和各类滤清器、火花塞、刹车片、离合器片、清洁剂和上光剂、灯泡、轮胎、刮水器。

（2）车辆因为缺少保养或未按《保养手册》上规定的保养项目进行保养而造成的车辆故障，不属于索赔范围。用户每次做完保养后服务站会在《保养手册》规定位置记录下保养情况并盖章，且会提醒用户下次保养的时间和内容。例如未按规定更换变速箱油，而造成变速器故障。

（3）车辆不是在汽车制造厂授权服务站维修，或者车辆安装了未经汽车制造厂售后服务部门许可的配件不属于索赔范围。

（4）用户私自拆卸更换里程表，或更改里程表读数的车辆（不包括汽车特约销售服务站对车辆故障诊断维修的正常操作）不属于索赔范围。

（5）因为环境、自然灾害、意外事件造成的车辆故障不属于索赔范围，例如酸雨、树胶、沥青、地震、冰雹、水灾、火灾、车祸等。

（6）因为用户使用不当，滥用车辆（如用作赛车）或未经汽车制造厂售后服务部门许可改装车辆而引起的车辆故障不属于索赔范围。

（7）间接损失不属于索赔范围。因车辆故障引起的经济、时间损失（如租赁其他车辆或在外过夜等）不属于索赔范围。

（8）由于特约销售服务站操作不当造成的损坏不在保修索赔范围。同时，特约销售服务站应当承担责任并进行修复。

（9）在索赔期内，用户车辆出现故障后未经汽车制造厂（或汽车特约销售服务站）同意继续使用而造成进一步损坏，汽车制造厂只对原有故障损失（须证实属产品质量问题）负责，其余损失责任由用户承担。

（10）车辆发生严重事故时，因用户未保护现场或因丢失损坏零件以致无法判明事故原因，汽车制造厂不承担索赔费用。事故原因应经汽车制造厂和有关方面（如保险公司等）鉴定，如属产品质量问题，汽车制造厂将按规定支付全部保修及车辆拖运费用。

5. 其他索赔事宜

（1）库存待售成品车辆的保修。对车辆因放置时间较长出现油漆变（褪）色、锈蚀、车厢底板翘曲变形等外观缺陷，由汽车制造厂索赔管理部批准后可以保修。保修工作由汽车制造厂设在各地的特约销售服务站完成。汽车制造厂会派出技术服务代表定期（至少每3个月1次）对中转库和代理商（经销商）展场的车辆进行检查，各地特约销售服务站配合。

（2）索赔期满后出现的问题。对于超过索赔期而又确属耐用件存在质量问题的车辆，由汽车制造厂技术服务代表和汽车特约销售服务站共同对故障原因进行鉴定，并在征求汽车制造厂索赔管理部同意后方可按保修处理。

（3）更换仪表的特殊事宜。因仪表有质量问题而更换仪表总成的，汽车特约销售服务站应在用户《保修手册》上注明旧仪表上的里程数及更换日期。

（4）故障原因和责任难以判断的问题。对于故障原因和责任难以判断的情况，如用户确实按《使用说明书》规定使用和保养车辆，且能出示有关证据，如保养记录、询问驾驶员对车辆性能和使用的熟悉程度等符合规定的车辆，报汽车制造厂索赔管理部同意后可以保修。

6. 索赔原则

（1）索赔期间的间接损失（车辆租用费、食宿费、营业损失等），汽车生产企业不予赔偿。

（2）索赔包括根据技术要求对汽车进行的修复或更换，更换下来的零部件归汽车生产企业所有。

（3）经销商从汽车生产企业的备件部门订购的备件在未装车之前发生故障，可以向汽车生产企业的备件部门提出索赔。

（4）关于常规保养，汽车生产企业或用户已经支付给经销商费用，经销商有责任为用户的车辆做好每一项保养工作。如果用户车辆在经销商保养后，对保养项目提出索赔要求，应由经销商自行解决。

（5）严禁索赔虚假申报，若发生此种情况，责任由经销商承担。

（6）严禁使用非原厂备件办理索赔，若发生此种情况，责任由经销商承担。

（7）空气滤清器、机油滤清器、燃油滤清器不予索赔。

（8）对于汽车使用维护过程中需要进行的调整项目，各汽车生产企业不单独为用户办理索赔项目。

- 发动机 CO 值调整；发动机燃油消耗测定。
- 发动机正时齿带、压缩机皮带张紧度调整。
- 轮胎动平衡检查调整；发动机控制单元基本设定。
- 需要使用检测仪器进行的检测调整。
- 车轮定位参数的调整；大灯光束调整。
- 汽车行驶超过首保里程，如空调系统需要加注 R134a 的情况。

二、质保车辆保修索赔流程

用户在质量担保期内，在规定的使用条件下使用车辆，由于车辆制造、装配及材料质量等原因所造成的各类故障或零部件的损坏，经过特许经销商检验并确认后均由汽车生产企业提供无偿维修或更换相应零件的费用（包括工时费和材料费）。索赔流程如图4-1所示。

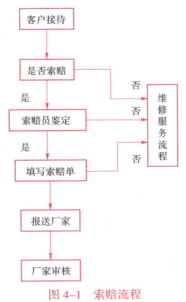

图4-1　索赔流程

（一）质保车辆的保修索赔流程

1. 客户接待

热情地接待客户，了解客户的需求，并对车辆进行预检，确定维修项目。

2. 判断是否索赔

服务顾问和客户共同检查车辆，并根据客户报修情况、车辆状况及车辆维护记录，预审用户的报修内容是否符合三包索赔条件（特别要检查里程表的工作状态和用户购车时间，以购车开具发票为准），如不符合请用户自行付费修理。

3. 索赔员鉴定

维修技师把初步符合保修索赔条件的车辆送至保修工位，索赔员协同维修技师确认故障点及引起故障的原因，并制定相应的维修方案和审核是否符合保修索赔条件。如不符合保修索赔条件应通知业务员，请用户自行付费修理。

4. 填写索赔单

索赔员在确认用户车辆符合保修索赔条件后，根据情况登记车辆相关数据，填写索赔单，为用户分类提交索赔申请。特殊索赔需事先得到汽车制造厂索赔管理部审批通过，然后及时给予用户车辆保修，并送入索赔旧件仓库统一保管。

5. 报送厂家

索赔员每天把当天的索赔申请进行统计，填写索赔申请表，定期报送厂家。索赔员每月一次按规定时间，把索赔旧件按规定包装（见索赔旧件处理规定）由第三方物流负责运回汽车制造厂索赔管理部。

6. 厂家审核

经汽车制造厂索赔管理部初步审核不符合条件的索赔申请将予以返回，索赔员根据返回原因立即修改，下次提交索赔申请时一起提交，以待再次审核。

汽车制造厂索赔管理部对符合条件的索赔申请审核后，将索赔申请结算单返给各特约销售服务站，特约销售服务站根据结算单金额向汽车制造厂索赔管理部进行结算。

（二）索赔案例分享

（1）索赔期内更换零部件，刚出索赔期后配件又坏了，客户说，这是你们质量上的问题，为什么不给我索赔？

答：汽车是一种比较特别的商品，保修期比其他一般商品要长很多，一般家电产品整机只有一年保修期，过了保修期您就得付款维修，××品牌 2 年或 6 万 km 在此期限内，如果出现产品质量问题即可获得免费维修，而且在保修期内换上的零件均符合质量标准，保修期限随整车的保修期限结束而结束，而且我们保证您同其他××车享有同样的保修权利。

（2）在异地车辆保修期出现问题，回到当地后已出索赔期，是否可以索赔？

答：您这种情况其他车也遇到过，因为他们及时与我们联系，最后问题得到了解决，其实根据××车保修政策，全国所有的经销商都有义务向××用户提供公平一致的保修服务，当您在异地车辆出现问题时，您就近找一家经销商即可获得保修服务。如果您一时找不到也可以向我们经销商寻求帮助，这样您的权利将不会受到损失。为了能向所有合法的××产品用户提供公平一致的保修服务，鉴于您的情况，此次维修您需要自费。根据情况补充如下话述：

根据您说的这种特殊情况，我很同情您的处境，我会向相关部门汇报，看是否可帮助您，希望能挽回您的一些保修权利，如果成功，我们将会通知您，到时我们会依据结果，退回部分或是全部维修费用，您看如何？

（3）涉及索赔政策方面，质量担保为3年或6万km（两者先到为准，当客户车辆在6万km多一点时，重要部件损坏（如发动机、变速箱、起动机、空调泵等）客户会问：

①你们只保6万km吗？多一点都不行吗？

②这些东西我们碰不着，动不着，你说是不是质量问题？

回答是：你应该索赔，或者给我优惠。

回复不是：你说是我们人为造成的吗？

可采用如下方法：

①您有这样的感觉，我们很理解，其实其他车主也有类似的感觉，后来发觉其实是个误会，您能告诉我您为什么会感到保修期短吗？

②不同的商品，商品的使用环境、使用物质的稳定性等诸多特性不同，获得的保修期也是不同的，买电视有整机一年保修期，服务有一个月的保修期，电脑有一年的保修期等。受人类科技发展水平的约束，目前人类无法控制物质的变化、环境的变化等，所以说商品的寿命并不一定因使用时间的多少而改变，您会发现家中的电脑、电冰箱等电器，即使不使用也会损坏，汽车上的某些零件也是如此。

③保修政策及期限的制定，其目的是尽可能地降低产品的次品率而给顾客带来的损失，提高商品的质量，是由许多专业人员精心制定的。您的意见我们会向厂家反映，非常感谢您的宝贵意见，希望您能理解我们无权改变保修期的长短。

（4）是不是保修期内所有的配件都能索赔？

答：因为汽车由13 000多个零件组成，每个零件的特性都不同，所以有部分诸如灯泡、刮水器、刹车片等零件不属于保修范围，请您放心，这些条款的制定均符合我国的法律法规，同时我们将保证您和其他车主有一样的保修权利。

（5）车在索赔期坏了，特别是维修时间比较长的，这些天的损失怎么不给予适当的补偿？

答：国家法律也有规定，国际上广泛采用的有限保修索赔，对于额外损失不作补偿，就像您生活中购买的其他商品一样，您随车的《质量保证书》中也写到不作额外补偿，非常感谢您对我们工作的支持。

（6）为什么配件质量那么差（如刮水器有声音或易坏）？我的车子还没怎么用就坏了。

答：我们的配件是厂家的原配件，是成批生产的，质量完全可以保证，刮水器为橡胶制品，属易损部件，并且它的工作环境比较恶劣，日晒雨淋相对容易损坏，前挡风玻璃上容易有小昆虫，定期清洗玻璃对刮水器寿命很有好处，建议使用专用的玻璃清洗液。

（7）新车为什么小问题这么多？

答：汽车是一个复杂而又特殊的商品，厂家会尽量保证其各方面的完美，新车各部件相对而言都有一定的磨合期，在此期间会出现如发动机声音大等现象，这些都属于正常现象，当然作为维修站，我们会尽力为您解决使用中的问题。

（8）变光开关为什么会坏？

答：大灯变光开关在变光时过电流较大，长时间频繁使用容易造成触点烧坏，我们建议变光不要过急和过频繁。

（9）我的车钥匙丢了怎么办？补办需要多长时间？

答：车钥匙丢了，为了安全起见，我们建议您换一套全车锁芯。大约需要 2 h。

（10）我车子两边的转向灯为什么一直亮着？

答：您先检查一下是不是您的车门或是机盖或是后备厢没有关紧，致使防盗系统起了作用，将车门和前后机盖全部关上，如果还是不行，用遥控锁遥控一下开关，若还是不行请到店检测。

三、索赔旧件的管理

（一）索赔旧件处理规定

（1）被更换下来的索赔旧件的所有权归汽车制造厂所有，各特约销售服务站必须在规定时间内按指定的方式将其运回汽车制造厂索赔管理部。

（2）更换下来的索赔旧件应挂上索赔旧件悬挂标签，保证粘贴牢固并按规定填写好标签，零件故障处需要详细填写，相关故障代码和故障数据也需填写完整。索赔旧件悬挂标签由汽车制造厂索赔管理部统一印制，特约销售服务站可以向索赔管理部申领。

（3）故障件的缺陷、破损部位一定要用红色或黑色不易脱落颜料或记号笔做出明显标记。

（4）应尽可能保持索赔旧件拆卸下来后的原始故障状态，一般规定不可分解的零件不可擅自分解，否则将视作该零件的故障为拆卸不当所致，不予索赔。

（5）旧机油、变速箱油、制动液、转向助力液、润滑油脂、冷却液等不便运输的索赔旧件无特殊要求不必运回，按当地有关部门规定自行处理（应注意环保）。

（6）在规定时间内将索赔旧件运回。回运前索赔员需要填写索赔件回运清单，注明各索赔旧件的装箱编号。索赔旧件必须统一装箱，箱子外部按规定贴上索赔旧件回运装箱单，并把箱子封牢固。

（7）汽车制造厂索赔管理部对回运的索赔旧件进行检验后，存在问题的索赔申请将返回或取消。

（8）被取消索赔申请的旧件，各特约销售服务站有权索回，须承担相应运输费用。

（二）索赔旧件悬挂标签的填写与悬挂要求

（1）应在悬挂标签上如实填写所有内容，保证字迹清晰。

（2）如果遇到特殊索赔，在悬挂标签备注栏内一定要填写授权号。

（3）所有标签应该由索赔员填写并加盖专用章。

（4）保证一物一签，物和签要对应。

（5）悬挂标签一定要固定牢固。如果无法悬挂，则用透布将标签牢固粘贴在索赔件上，同时保证标签正面朝外。

（三）索赔件的清洁和装运要求

（1）发动机、变速器、转向机、制动液罐等内部的油液全部放干净，外表保持清洁。更换下来的索赔旧件必须统一装箱，即相同索赔件集中装在同一包装箱内。在每个包装箱外牢固贴上该箱索赔件的索赔旧件回运装箱单。注明装箱号与索赔件的零件号、零件名称和零件数量，在规定时间由物流公司返运到汽车制造厂索赔管理部。

（2）各个装箱清单上的索赔件种类和数量之和必须与索赔件回运清单上汇总的完全一致。

（3）索赔件回运清单一式三联，经物流公司承运人签收后，第一联由经销商保存，第二联由物流公司保存，第三联由物流公司承运人交索赔管理部。

（四）旧件的管理与处理

（1）各经销商每月应将经校验、包装后回收的旧件及时发往汽车制造厂商服务部索赔管理室，发货后应及时将提货单或领货凭证寄给汽车制造厂商客户服务部索赔管理室。

（2）各经销商在返回旧件时，应认真填写收货单位、地址、邮编、电话，并及时寄回提货单。

（3）在填写发送单时，收货单位不得填写个人。如因填写不准，造成发生收货困难，影响保修旧件回收和保修费用结算，责任由发货单位承担。收货困难，影响保修旧件回收和保修费用结算，责任由发货单位承担。

（4）旧件发送提货单一般由特快专递寄到汽车制造售后服务部门索赔室，采用代理发运的必须在发送单和提货单上填上服务站名称、联系人和联系电话。提货单（或领货凭证）上的发货日期及货单号码必须清楚，以便在到货时核对查找。

（5）在运输过程中发生的货损，由经销商自行负责索赔。

（6）因经销商的原因，造成提运旧件延误时间而被货运单位罚款的，经销商保修件运费不得报销，罚款金额从经销商"三包"结算费用中扣除。

任务工单

工单 4-1　索赔车辆的接待处理

考核项目	质保车辆售后服务接待流程—接车检查与接待				
姓名		学号		班级	
任务要求	<ul><li>掌握接待礼仪</li><li>掌握汽车"三包"法</li><li>掌握索赔原则（整车、零件和易损件的质保周期）</li><li>掌握适度处置原则</li></ul>					
情景描述	客户：张先生　　　　　联系方式：13123456789 经销商：前进汽车销售服务有限责任公司 进店时间：10月24日上午9：00 进店原因：张先生的车在最近使用过程中发现冷车起动跑了一段时间后，熄火停车 1~3 h 后再打火特别费劲，同时排气管有一股怪味				
任务计划	人员分工	顾问：		客户：	
任务实施						
自我总结与反思						
自我评价						

任务二 "三包"法

一、国家汽车"三包"政策内容分析

近年来,我国家用汽车销量不断攀高,汽车消费纠纷也大量出现,关于汽车"三包"的明确规定呼之欲出。从 2004 年国家质检总局起草汽车"三包"草案开始,历经多次意见征求,"三包"政策终于出台。新法规明确规定了家用汽车产品的保修期和"三包"有效期。2013 年 1 月 15 日,国家质检总局正式发布了《家用汽车产品修理、更换、退货责任规定》(简称《新规定》),明确了"汽车'三包'"的概念。汽车"三包"法于 2013 年 10 月 1 日正式实施。

"汽车'三包'"是指汽车产品生产者、销售者和修理者,因汽车产品质量问题,对汽车产品修理、更换、退货的行为。

1. 家用汽车(7 座以下)产品纳入"三包"

《新规定》中,易损耗零部件等汽车产品也纳入"三包"范围。国家质检总局表示,之所以将汽车产品纳入"三包"进行专项立法,是考虑到汽车产品技术复杂,消费者与生产经营者的信息不太对称,消费者个体比较分散,消费者在处理"三包"争议的过程中容易处于弱势。

2. 保修期和"三包"有效期区别

保修期限是 3 年或 6 万 km 内;"三包"有效期限是 2 年或行驶里程 5 万 km 内。保修期内出现产品质量问题,可以免费修理;在"三包"有效期内,如果符合规定的退货、换货条件,消费者可以凭"三包"凭证、购车发票等办理退货或换货手续。

3. 消费者退、换车条件

(1)家用汽车(7 座以下)产品,从销售者开具购车发票 60 天内或行驶里程 3 000 km 内(以先到者为准),如果出现转向系统失效、制动系统失效、车身开裂、燃油泄漏,就可以选择换车或退车。

(2)严重的安全性能故障累计做两次修理后仍然没有排除,或者出现新的严重安全性能故障,可以选择退车或换车。

(3)发动机变速器累计更换两次,或者它们的同一主要零件累计更换两次仍然不能正常使用,可以选择退车或换车。

(4)转向系统、制动系统、悬架系统、前后桥、车身中的同一主要零件因质量问题累计更换两次仍然不能正常使用的,消费者可以选择换货或退货。

除此之外,在家用汽车产品"三包"有效期内,因产品质量问题修理时间累计超过35日的,或者因同一产品质量问题累计修理超过5次的,消费者可以凭"三包"凭证、购车发票,由销售者负责更换。如果符合更换条件,但销售者没有同品牌、同型号或配置不低于原车的汽车,消费者可以选择退车。

家用汽车"三包"凭证主要总成的主要零部件目录如表4-1所示。

表4-1 家用汽车"三包"凭证主要总成的主要零部件目录

总成	主要零件种类范围	本公司对应零件名称
发动机	曲轴、主轴承、连杆、连杆轴承、活塞、活塞环、活塞销	曲轴、主轴瓦/曲轴瓦、连杆、连杆瓦/连杆轴承瓦、活塞、活塞环、活塞销
	气缸盖	气缸盖
	凸轮轴、气门	凸轮轴、进气门/排气门
	气缸体	气缸体/曲轴箱
变速器总成 悬架系统 前/后桥 车身	箱体	变速箱壳体
	齿轮、轴类、轴承、箱内动力传动元件(含离合器、制动器)	齿轮、驱动轴/从动轴/倒挡轴、轴承、液力自动变速箱、离合器
	弹簧(螺旋、扭杆、钢板、空气及液压弹簧)	弹簧(螺旋弹簧、稳定杆、空气弹簧)
	控制臂、连杆	控制臂、连杆
	桥壳	—
	主减速器、差速器	主减速器、差速器
	传动轴、半轴	传动轴、半轴
	车身骨架	白车身总成
	副车架	副车架
	纵梁、横梁	纵梁、横梁
	前后车门本体	车门

4. "三包"责任免除

在家用汽车产品包修期和"三包"有效期内存在下列情形之一的,可免除"三包"责任:

(1)消费者所购家用汽车产品已被书面告知存在瑕疵的。

(2)家用汽车产品用于出租或者其他营运目的的。

(3)使用说明书中明示不得改装、调整、拆卸,但消费者自行改装、调整、拆卸而造成损坏的。

(4)发生产品质量问题,消费者自行处置不当而造成损坏的。

（5）因消费者未按照使用说明书要求正确使用、维护、修理产品，而造成损坏的。

（6）因不可抗力造成损坏的。

（7）易损耗零部件超出生产者明示的质量保证期。

（8）无有效发票和"三包"凭证的。

5."三包"案例

案例一：已经转售的车辆，符合"三包"退换车条件，经销商是否还负有"三包"的责任？

解析：（1）在"三包"期内车辆转售他人，"三包"责任依然有效。

（2）如果转手对方将车辆转为出租营业用车，则不属于"三包"范围。

案例二：李先生的车辆因产品同一质量问题在2年零1个月内共修理了5次，李先生是否可以要求退车或换车？

解析：不能，按"三包"规定，"三包"有效期是2年或5万km，虽然修理了5次，但时间落在了保修期内，只能要求免费修理，不能要求退车或换车。

案例三：张先生在购车70日后，行驶里程2 900 km，发生车身断裂情况，向经销商要求退车或换车，经销商可否拒绝退换车？

解析：不能退换车，只能换车身总成！因为超过60日或3 000 km。

6."三包"常见问题解答

问题一：消费者的车辆在"三包"责任范围内，其已符合退车条件。但是消费者在向经销商提出退车请求时，发现找不到购车发票，经销商能否答应消费者的退车请求？

依照"三包"责任第21条规定，消费者依规定办理更换、退货时，必须检附购车发票，这是形式要件。如果形式要件不符合，就不能请求换退车。但是消费者仍可以依"三包"凭证请求经销商帮他修理。

问题二："三包"退换车转售他人时，经销商对此车是否还负"三包"责任？

这种情况属于消费者购车时已被以书面形式告知家用汽车产品存在瑕疵，依照"三包"责任规定第37条规定，经销商的"三包"责任即免除。但依厂家的质保规范，该车在质保期内还是享有厂方所提供的质保承诺。

问题三：消费者购车3个月内，其车辆发动机出现故障，经销商为其更换一个发动机总成。1个月后，消费者又进厂反映变速箱有异响，经销商通过更换一个变速箱的部件解决了故障，但故障没有完全排除。消费者认为已经帮他修理过两次还没修好，便要求换车，经销商应该答应消费者的要求吗？

按更换总成与更换零部件的次数，要分别计算。本问题这种情形更换总成一次、更换部件一次，所以都未达到"三包"责任规定第23条的退车标准。

问题四：消费者在"三包"包修包退期间，将车辆卖给第三人，但并未将"三包"凭证同时交给买受人。该第三人因为质量问题向经销商提出换车请求，但无法出示"三包"

凭证，此时经销商能否以该买受人非原来订立合同之人而拒绝该消费者的换车请求？

经销商不能拒绝。因为家用汽车产品在"三包"有效期内发生所有权转移的，"三包"凭证应当随车转交，"三包"责任不因汽车所有权转移而改变。但是符合"三包"规定更换、退货条件时，消费者必须凭"三包"凭证、修理记录、购车发票办理更换、退货，所以此时经销商应该要求该消费者回头向原来的买受人索取"三包"凭证。如果原消费者已丢失"三包"凭证，经销商应该协助补办"三包"凭证，在接到消费者申请后10个工作日内予以补办。

问题五：消费者在高速公路发生严重车祸，发动机舱因为撞击力度大而变形，车辆被拖吊到附近的修理厂维修。请问：这部车维修好以后还能继续享受"三包"责任的权益吗？

消费者因为车祸造成车辆损害，其能否继续享有"三包"不能一概而论，应该依其情形个别判断，损害如果仅是损及车身外观，主要总成或零部件未受损害，车辆依旧享有"三包"责任，如果主要总成或零部件受损，消费者所能享有的"三包"请求权就会大大限缩，退货或更换即无法被接受。

问题六：消费者购车后，为享受更好的视听感受，在外面加装一组功放及一个重低音喇叭，后来车上电压因为负荷过重，导致车身控制模块电脑烧坏，车主请求换车，经销商能同意他的请求吗？

如果消费者自行改装、调整、拆卸而造成车辆配置的损害，已经不属车辆质量问题，消费者不可以请求退车或换车。这种情形也无法适用厂家的质保政策，如果需要维修，消费者应该给付合理的维修费用。

"三包"凭证可包括正、反两面，其中正面应至少包括产品信息、生产者信息、销售者信息、"三包"条款等，背面应列出其他"三包"相关信息，包括主要总成的主要零件种类范围、易损耗零部件的种类范围等。新规定自2013年10月1日起施行。

二、汽车质保期

汽车质保期是指汽车制造商向消费者卖出商品时，承诺的对该商品因质量问题而出现故障时提供更换或免费维修的期限。

汽车质保期有两个条件：一是时间期限，以客户购买车辆开具购车发票当日开始；二是行驶里程，以累计行驶里程数为准。此两个条件以先到者为准，即只要这两个条件任意达到一个，就表明车辆的质保期已过，比如"3年或6万km，以先到者为准"即质保期为第一个是行驶时间3年，第二个是行驶公里数为6万km，只要其中任意一个条件超过，就表明车辆的质保期已过。

不同汽车制造商、不同车型、用于不同用途所承诺的质保期也不同，比如一汽丰田质保期为3年或10万km；上海大众质保期对非出租车为3年或10万km，对出租车为1年或10万km；比亚迪汽车质保期，燃油车系列车型为4年或10万km，新能源汽车系列车型为6年或15万km。

汽车保修期分为整车质保期、零部件质保期和自费更换原厂配件质保期。

（1）整车质保期一般是汽车制造商对外公布的该车质保期，并非指整车任何部件都能享受的质保期，准确地说，是指该车中质保期最长的零部件的质保期。

（2）零部件质保期是指汽车制造商对该车各种零部件都设定的质保期。不同零部件的质保期也不同。比如发动机缸体质保期为 2 年或 5 万 km，各种传感器质保期为 1 年或 2.5 万 km，易损件刮水器等质保期更短些或不保修。

（3）自费更换原厂配件质保期是指不在质保期内或不属于质保范围内，而客户自费在特约服务站更换的配件的质保期。比如东风本田汽车设定的质保期为 12 个月或 2 万 km。

某品牌汽车易损件质量担保规定如表 4-2 所示。

表 4-2 某品牌汽车易损件质量担保规定

易损耗零部件质量担保目录及期限		
（时间或里程以先到者为准）		
名称	零件名称	质保期
空气滤清器	空气滤清器	6 个月 /1 万 km
空调滤清器	空调滤清器	6 个月 /1 万 km
机油滤清器	机油滤清器	6 个月 /1 万 km
燃料滤清器	燃料滤清器	6 个月 /1 万 km
火花塞	火花塞	6 个月 /1 万 km
制动衬片	摩擦片	6 个月 /1 万 km
离合器片	离合器摩擦片、离合器从动盘总成	6 个月 /1 万 km
轮胎	轮胎	6 个月 /1 万 km
蓄电池	蓄电池	12 个月 /2 万 km
遥控器电池	遥控器电池	6 个月 /1 万 km
灯泡	灯泡	6 个月 /1 万 km
刮水器	刮水器	6 个月 /1 万 km
熔断丝及普通继电器（不含集成控制单元）	熔断丝、继电器（不含集成控制单元）	12 个月 /2 万 km

附则一　上海大众整车质量担保条例

（1）质量担保期：从本公司正常售出的新车的质量担保期自用户购车之日起计，非出租/非营运车辆为 2 年或行驶里程 6 万 km，出租/营运车辆为 1 年或行驶里程 10 万 km，时间数和里程数以先到达者为准。在质量担保期内，用户所购车辆出现生产质量问题，由上海大众经销商予以免费修理。质量担保期内，生产质量问题经本公司确认技术上无法修理时，则予以更换车辆。

（2）用户应严格按照使用维护说明书规定使用自己的车辆，车辆的保养及检修应按时在上海大众经销商进行,这是获得质量担保服务的先决条件。

(3) 如果用户车辆在使用中出现故障,只有上海大众经销商有权受理质量担保申请,而且故障一旦出现,应立即前往上海大众经销商进行检修或及时与经销商联系。

(4) 新车质量担保期的起始日期是用户购车日期,其有效凭证为用户购车发票,因此用户在要求质量担保服务时,应当向上海大众经销商出示购车发票。没有这一证明,上海大众经销商将无法向用户车辆提供相应的质量担保服务。

(5) 质量担保服务范围包括根据技术要求调换或维修损坏的零部件,如果零部件通过维修可以继续使用,则从常规和技术的角度来看,不必要进行更换。用于更换的零部件可采用由上海大众经销商提供的新的或再制造的零部件。

(6) 维修过程中换下的零部件归本公司所有。

(7) 质量担保维修工作所产生的工时及材料费由本公司承担。

(8) 凡由于下列原因造成的损坏或故障均不属于质量担保范围:由非本公司销售商修理保养过;已装上未经本公司许可的零部件或未经本公司许可对车辆做了改装、加装、拆卸;用户未严格遵守车辆的使用规定(《使用维护说明书》中的要求);因发生交通事故而造成车辆实际或潜在的损坏。

(9) 车辆零部件自然磨损、车辆的使用条件超出本说明书规定范围引起的损坏不属于质量担保范围。同样,使用了不符合标准或规定要求的油料或燃料、以非法方式使用、使用不当或滥用(如用于货运,用作赛车、试验用车等)所造成的损坏、损失也不属于质量担保范围,即使在质量担保期内。

(10) 车辆部分零部件属于易损件,如灯泡、制动片、火花塞、滤清器、轮胎、刮水器等,这些易损件的质量担保期为3个月或行驶里程1万km。时间数和里程数两者以先到达者为准。另外,一些调整和测量工作是不属于质量担保范围的,具体内容如下:调整车门、后备厢盖以保证良好的接触,避免可能的泄漏和风噪;前轮定位、轮胎平衡、油耗测量及发动机调整工作。

(11) 用户车辆在购买后质量担保期内发生质量问题而更换的原装零件,质量担保期随整车的质量担保期结束而结束。

(12) 用户车辆在经销商进行正常修理(用户付费)更换的本公司原装零件,从更换之日起,享有12个月质量担保服务。法律法规没有明确规定的义务以及用户违反本《使用维护说明书》明确规定的使用规范而造成的损失,本公司不予承担。

附则二 上海大众原装零件的质量担保条例

(1) 可以借用适应于整车的质量担保条件。

(2) 上海大众原装零件担保条例解释。

(3) 车辆在购车后(质量担保期内)发生质量问题,而更换上的原装零件(必须是上海大众提供的)质量担保期同整车的质量担保期相同,即购车后质量担保期满,对于换上的原装零件质量担保期也结束。

（4）在经销商处进行正常（用户付费）修理更换的上海大众原装零件，从换上原装零件当天起算，为期12个月（符合质量担保条例的要求）。

附则三　关于上海大众车辆质量担保条例的解释

（1）车辆质量担保期的起始日期是用户购车之日，这一点在产品《使用维护说明书》中已经向用户做了明确，而不是用户常常提出的行驶证上的记录日期。

（2）购车日期的证明材料是用户的购车发票。因此用户要求质量担保服务时，经销商应该核对购车发票并存档复印件。这一条件如果当时状态不能满足，从用户满意的角度出发，在不存在财务风险的情况下，应当为用户提供质量担保服务。但必须和用户约定事后在最短的时间内补充这一证明。

（3）购车时，用于指导用户操作使用的使用指导和用于车辆保养工作的售后服务资料都已在随车的《使用维护说明书》中加以明示。还需向用户声明，如果维修工作不是在上海大众经销商处或者某一被我们认可的保养单位（大用户）进行，他们提出的质量担保申请原则上不能被接受。根据《使用维护说明书》的要求，各经销商必须坚持这一点：如果某一用户提出了质量担保的申请并且损坏或故障是因为没有在上海大众经销商处或被我们认可的大用户进行定期保养而引起，那么这一申请就不能被接受。

（4）无论用户是从哪里购买的车辆，所有上海大众经销商都有义务进行质量担保服务工作。

（5）对于那些属于质量担保，而对部件进行维修这一点，用户常常表示异议。比如，发动机某一零件损坏时，他们要求更换发动机总成。遇到这种要求时可予以否定，因为质量担保包括更换和维修损坏的零部件。如果这些零部件通过维修可以继续使用，则从常规和技术的角度来看，更换是不必要的。

（6）间接损失（比如借用出租车，在外过夜或无法正常工作），则不会予以弥补。

（7）对上海大众车辆不能擅自进行各种改装或擅自加装各种设备，尤其是对电器、制动、转向等涉及产品安全的系统不能进行改装或加装其他设备，否则有可能影响车辆的性能、安全系统，如导致发生事故、车辆着火、车辆损坏。对此后果，上海大众将不承担责任。

（8）合理的改装不影响整车的质量担保。有时用户对我们的产品做了改装，在审核索赔申请时必须仔细地分析损坏与改装之间是否有技术上的直接联系。例如不能因为汽车装上宽型车轮和轮罩饰条而拒绝油漆索赔申请。

（9）当改装过的部件或零件损坏时，损坏的原因是由改装而引起的，则索赔申请将不予批准。例如改装部件邻近区域因受改装影响应力增加而产生损坏；一般情况下不可能产生的损坏应该假设是因改装而引起的。

（10）所有的汽车零部件都会磨损，所以，即使在质量担保期内，特别是那些行驶里程高的车辆，因"正常的磨损"而需要进行一些必要的维修，不属于质量担保范围。很难对"正常的磨损"下一个明确的定义，不同的使用地区和操作情况会导致汽车的不同磨损和破坏。

任务工单

工单4-2 索赔车辆的争议处理

考核项目	质保车辆售后服务接待流程—争议处理		
姓名		学号	班级
任务要求	● 掌握接待礼仪 ● 掌握汽车"三包"法 ● 掌握索赔原则（整车、零件和易损件的质保周期） ● 掌握适度处置原则		
情景描述	客户：张先生　　　　联系方式：13123456789 经销商：前进汽车销售服务有限责任公司 预约进店时间：10月24日上午9:00 进店原因：张先生于去年9月15日在本店购买了一辆汽车，最近发现汽车点火困难，来本店进行维修，经维修技师检查是汽车蓄电池有质量问题，由于购车时间超过1年，故需要客户支付蓄电池的一半费用，客户不认可，该如何处理		
任务计划	人员分工　顾问：　　　　客户：		
任务实施			
自我总结与反思			
自我评价			

过程性考核评价表如表4-3所示。

表4-3 过程性考核评价表

考核内容	质保车辆售后服务接待流程		
考核情况			
序号	考核项目	表现记录	得分
1	接听客户预约电话，主动自我介绍，核实客户信息，了解客户需求，询问客户行驶里程		
2	提醒客户携带保养手册，并完成预约登记表及准备工作		
3	客户车辆来店后，热情迎接问候客户		
4	当客户面为车辆铺设三件套（座椅套、方向盘套、脚垫），与客户共同确认车辆外观，提示客户随身携带车内贵重物品		
5	环车检查结束后，记录环车检车时的问题，填写接车检查单，并请客户确认签字		
6	引导客户到业务前台，询问客户车辆问题及产生现象		
7	共同检查车辆，判断是否符合"三包"索赔条件		
8	向客户说明本次预估维修所需作业时间		
9	请客户签字确认本次任务委托书中项目		
10	服务顾问将任务委托书传递到维修车间安排作业		
11	根据维修时间征求客户意见店内休息或离店		
12	车间进行三级检查后，确认车辆完成任务委托书中的全部项目		
13	通知客户取车，并与客户共同确认车辆外观，维修情况，取下三件套		
14	引导到业务前台，打印索赔结算单，请客户签字		
15	讲解车辆保养常识，说明车辆的使用事项，提示下次保养的时间		
16	引导客户离店，并礼貌送别客户		
17	客户离店3日内电话回访本次服务满意度及车间使用情况		
总体评价			

附则四 家用汽车产品修理、更换、退货责任规定

第一章 总 则

第一条 为了保护家用汽车产品消费者的合法权益，明确家用汽车产品修理、更换、退货（以下简称"三包"）责任，根据有关法律法规，制定本规定。

第二条 在中华人民共和国境内生产、销售的家用汽车产品的"三包"，适用本规定。

第三条 本规定是家用汽车产品"三包"责任的基本要求。鼓励家用汽车产品经营者做出更有利于维护消费者合法权益的严于本规定的"三包"责任承诺；承诺一经做出，应

当依法履行。

第四条 本规定所称"三包"责任由销售者依法承担。销售者依照规定承担"三包"责任后,属于生产者的责任或者属于其他经营者的责任的,销售者有权向生产者、其他经营者追偿。家用汽车产品经营者之间可以订立合同约定"三包"责任的承担,但不得侵害消费者的合法权益,不得免除本规定所规定的"三包"责任和质量义务。

第五条 家用汽车产品消费者、经营者行使权利、履行义务或承担责任,应当遵循诚实信用原则,不得恶意欺诈。家用汽车产品经营者不得故意拖延或者无正当理由拒绝消费者提出的符合本规定的"三包"责任要求。

第六条 国家质量监督检验检疫总局(以下简称国家质检总局)负责本规定实施的协调指导和监督管理;组织建立家用汽车产品"三包"信息公开制度,并可以依法委托相关机构建立家用汽车产品"三包"信息系统,承担有关信息管理等工作。地方各级质量技术监督部门负责本行政区域内本规定实施的协调指导和监督管理。

第七条 各有关部门、机构及其工作人员对履行规定职责所知悉的商业秘密和个人信息依法负有保密义务。

第二章 生产者义务

第八条 生产者应当严格执行出厂检验制度;未经检验合格的家用汽车产品,不得出厂销售。

第九条 生产者应当向国家质检总局备案生产者基本信息、车型信息、约定的销售和修理网点资料、产品使用说明书、"三包"凭证、维修保养手册、"三包"责任争议处理和退换车信息等家用汽车产品"三包"有关信息,并在信息发生变化时及时更新备案。

第十条 家用汽车产品应当具有中文的产品合格证或相关证明以及产品使用说明书、"三包"凭证、维修保养手册等随车文件。

产品使用说明书应当符合消费品使用说明等国家标准规定的要求。家用汽车产品所具有的使用性能、安全性能在相关标准中没有规定的,其性能指标、工作条件、工作环境等要求应当在产品使用说明书中明示。

"三包"凭证应当包括以下内容:产品品牌、型号、车辆类型规格、车辆识别代号(VIN)、生产日期;生产者名称、地址、邮政编码、客服电话;销售者名称、地址、邮政编码、电话等销售网点资料、销售日期;修理者名称、地址、邮政编码、电话等修理网点资料或者相关查询方式;家用汽车产品"三包"条款、包修期和"三包"有效期以及按照规定要求应当明示的其他内容。维修保养手册应当格式规范、内容实用。随车提供工具、备件等物品的,应附有随车物品清单。

第三章 销售者义务

第十一条 销售者应当建立并执行进货检查验收制度,验明家用汽车产品合格证等相关证明和其他标识。

第十二条 销售者销售家用汽车产品，应当符合下列要求：

（一）向消费者交付合格的家用汽车产品以及发票；

（二）按照随车物品清单等随车文件向消费者交付随车工具、备件等物品；

（三）当面查验家用汽车产品的外观、内饰等现场可查验的质量状况；

（四）明示并交付产品使用说明书、"三包"凭证、维修保养手册等随车文件；

（五）明示家用汽车产品"三包"条款、包修期和"三包"有效期；

（六）明示由生产者约定的修理者名称、地址和联系电话等修理网点资料，但不得限制消费者在上述修理网点中自主选择修理者；

（七）在"三包"凭证上填写有关销售信息；

（八）提醒消费者阅读安全注意事项、按产品使用说明书的要求进行使用和维护保养。

对于进口家用汽车产品，销售者还应当明示并交付海关出具的货物进口证明和出入境检验检疫机构出具的进口机动车辆检验证明等资料。

第四章　修理者义务

第十三条 修理者应当建立并执行修理记录存档制度。书面修理记录应当一式两份，一份存档，一份提供给消费者。

修理记录内容应当包括送修时间、行驶里程、送修问题、检查结果、修理项目、更换的零部件名称和编号、材料费、工时和工时费、拖运费、提供备用车的信息或者交通费用补偿金额、交车时间、修理者和消费者签名或盖章等。

修理记录应当便于消费者查阅或复制。

第十四条 修理者应当保持修理所需要的零部件的合理储备，确保修理工作的正常进行，避免因缺少零部件而延误修理时间。

第十五条 用于家用汽车产品修理的零部件应当是生产者提供或者认可的合格零部件，且其质量不低于家用汽车产品生产装配线上的产品。

第十六条 在家用汽车产品包修期和"三包"有效期内，家用汽车产品出现产品质量问题或严重安全性能故障而不能安全行驶或者无法行驶的，应当提供电话咨询修理服务；电话咨询修理服务无法解决的，应当开展现场修理服务，并承担合理的车辆拖运费。

第五章　"三包"责任

第十七条 家用汽车产品包修期限不低于 3 年或者行驶里程 6 万 km，以先到者为准；家用汽车产品"三包"有效期限不低于 2 年或者行驶里程 5 万 km，以先到者为准。家用汽车产品包修期和"三包"有效期自销售者开具购车发票之日起计算。

第十八条 在家用汽车产品包修期内，家用汽车产品出现产品质量问题，消费者凭"三包"凭证由修理者免费修理（包括工时费和材料费）。

家用汽车产品自销售者开具购车发票之日起 60 日内或者行驶里程 3 000 km 之内（以先到者为准），发动机、变速器的主要零件出现产品质量问题的，消费者可以选择免费更换发动机、变速器。发动机、变速器的主要零件的种类范围由生产者明示在"三包"凭证上，其种类范围应当符合国家相关标准或规定，具体要求由国家质检总局另行规定。

家用汽车产品的易损耗零部件在其质量保证期内出现产品质量问题的，消费者可以选择免费更换易损耗零部件。易损耗零部件的种类范围及其质量保证期由生产者明示在"三包"凭证上。生产者明示的易损耗零部件的种类范围应当符合国家相关标准或规定，具体要求由国家质检总局另行规定。

第十九条　在家用汽车产品包修期内，因产品质量问题每次修理时间（包括等待修理备用件时间）超过 5 日的，应当为消费者提供备用车，或者给予合理的交通费用补偿。

修理时间自消费者与修理者确定修理之时起，到完成修理之时止。一次修理占用时间不足 24 小时的，以 1 日计。

第二十条　在家用汽车产品"三包"有效期内，符合本规定更换、退货条件的，消费者凭"三包"凭证、购车发票等由销售者更换、退货。

家用汽车产品自销售者开具购车发票之日起 60 日内或者行驶里程 3 000 km 之内（以先到者为准），家用汽车产品出现转向系统失效、制动系统失效、车身开裂或燃油泄漏，消费者选择更换家用汽车产品或退货的，销售者应当负责免费更换或退货。

在家用汽车产品"三包"有效期内，发生下列情况之一，消费者选择更换或退货的，销售者应当负责更换或退货：

（一）因严重安全性能故障累计进行了 2 次修理，严重安全性能故障仍未排除或者又出现新的严重安全性能故障的。

（二）发动机、变速器累计更换 2 次后，或者发动机、变速器的同一主要零件因其质量问题，累计更换 2 次后，仍不能正常使用的，发动机、变速器与其主要零件更换次数不重复计算。

（三）转向系统、制动系统、悬架系统、前/后桥、车身的同一主要零件因其质量问题，累计更换 2 次后，仍不能正常使用的；转向系统、制动系统、悬架系统、前/后桥、车身的主要零件由生产者明示在"三包"凭证上，其种类范围应当符合国家相关标准或规定，具体要求由国家质检总局另行规定。

第二十一条　在家用汽车产品"三包"有效期内，因产品质量问题修理时间累计超过 35 日的，或者因同一产品质量问题累计修理超过 5 次的，消费者可以凭"三包"凭证、购车发票，由销售者负责更换。

下列情形所占用的时间不计入前款规定的修理时间：

（一）需要根据车辆识别代号（VIN）等定制的防盗系统、全车线束等特殊零部件的运输时间；特殊零部件的种类范围由生产者明示在"三包"凭证上。

（二）外出救援路途所占用的时间。

第二十二条　在家用汽车产品"三包"有效期内，符合更换条件的，销售者应当及时向消费者更换新的合格的同品牌同型号家用汽车产品；无同品牌同型号家用汽车产品更换的，销售者应当及时向消费者更换不低于原车配置的家用汽车产品。

第二十三条　在家用汽车产品"三包"有效期内，符合更换条件，销售者无同品牌同型号家用汽车产品，也无不低于原车配置的家用汽车产品向消费者更换的，消费者可以选择退货，销售者应当负责为消费者退货。

第二十四条　在家用汽车产品"三包"有效期内，符合更换条件的，销售者应当自消费者要求换货之日起 15 个工作日内向消费者出具更换家用汽车产品证明。在家用汽车产品"三包"有效期内，符合退货条件的，销售者应当自消费者要求退货之日起 15 个工作日内向消费者出具退车证明，并负责为消费者按发票价格一次性退清货款。家用汽车产品更换或退货的应当按照有关法律法规规定办理车辆登记等相关手续。

第二十五条　按照本规定更换或者退货的，消费者应当支付因使用家用汽车产品所产生的合理使用补偿，销售者依照本规定应当免费更换、退货的除外。

合理使用补偿费用的计算公式为：[（车价款（元）× 行驶里程（km））/1 000]×n。使用补偿系数 n 由生产者根据家用汽车产品使用时间、使用状况等因素在 0.5%~0.8% 确定，并在"三包"凭证中明示。

家用汽车产品更换或者退货的，发生的税费按照国家有关规定执行。

第二十六条　在家用汽车产品"三包"有效期内，消费者书面要求更换、退货的，销售者应当自收到消费者书面要求更换、退货之日起 10 个工作日内，做出书面答复。逾期未答复或者未按本规定负责更换、退货的，视为故意拖延或者无正当理由拒绝。

第二十七条　消费者遗失家用汽车产品"三包"凭证的，销售者、生产者应当在接到消费者申请后 10 个工作日内予以补办。消费者向销售者、生产者申请补办"三包"凭证后，可以依照本规定继续享有相应权利。

按照本规定更换家用汽车产品后，销售者、生产者应当向消费者提供新的"三包"凭证，家用汽车产品包修期和"三包"有效期自更换之日起重新计算。

在家用汽车产品包修期和"三包"有效期内发生家用汽车产品所有权转移的，"三包"凭证应当随车转移，"三包"责任不因汽车所有权转移而改变。

第二十八条　经营者破产、合并、分立、变更的，其"三包"责任按照有关法律法规规定执行。

第六章　"三包"责任免除

第二十九条　易损耗零部件超出生产者明示的质量保证期出现产品质量问题的，经营者可以不承担本规定所规定的家用汽车产品"三包"责任。

第三十条　在家用汽车产品包修期和"三包"有效期内，存在下列情形之一的，经营者对所涉及产品质量问题，可以不承担本规定所规定的"三包"责任：

（一）消费者所购家用汽车产品已被书面告知存在瑕疵的。

（二）家用汽车产品用于出租或者其他营运目的的。

（三）使用说明书中明示不得改装、调整、拆卸，但消费者自行改装、调整、拆卸而造成损坏的。

（四）发生产品质量问题，消费者自行处置不当而造成损坏的。

（五）因消费者未按照使用说明书要求正确使用、维护、修理产品而造成损坏的。

（六）因不可抗力造成损坏的。

第三十一条　在家用汽车产品包修期和"三包"有效期内，无有效发票和"三包"凭证的，经营者可以不承担本规定所规定的"三包"责任。

第七章　争议的处理

第三十二条　家用汽车产品"三包"责任发生争议的，消费者可以与经营者协商解决；可以依法向各级消费者权益保护组织等第三方社会中介机构请求调解解决；可以依法向质量技术监督部门等有关行政部门申诉进行处理。

家用汽车产品"三包"责任争议双方不愿通过协商、调解解决或者协商、调解无法达成一致的，可以根据协议申请仲裁，也可以依法向人民法院起诉。

第三十三条　经营者应当妥善处理消费者对家用汽车产品"三包"问题的咨询、查询和投诉。

经营者和消费者应积极配合质量技术监督部门等有关行政部门、有关机构等对家用汽车产品"三包"责任争议的处理。

第三十四条　省级以上质量技术监督部门可以组织建立家用汽车产品"三包"责任争议处理技术咨询人员库，为争议处理提供技术咨询；经争议双方同意，可以选择技术咨询人员参与争议处理，技术咨询人员咨询费用由双方协商解决。经营者和消费者应当配合质量技术监督部门家用汽车产品"三包"责任争议处理技术咨询人员库建设，推荐技术咨询人员，提供必要的技术咨询。

第三十五条　质量技术监督部门处理家用汽车产品"三包"责任争议，按照产品质量申诉处理有关规定执行。

第三十六条　处理家用汽车产品"三包"责任争议，需要对相关产品进行检验和鉴定的，按照产品质量仲裁检验和产品质量鉴定有关规定执行。

第八章　罚　则

第三十七条　违反本规定第九条规定的，予以警告，责令限期改正，处1万元以上3万元以下罚款。

第三十八条　违反本规定第十条规定，构成有关法律法规规定的违法行为的，依法予以处罚；未构成有关法律法规规定的违法行为的，予以警告，责令限期改正；情节严重的，处 1 万元以上 3 万元以下罚款。

第三十九条 违反本规定第十二条规定，构成有关法律法规规定的违法行为的，依法予以处罚；未构成有关法律法规规定的违法行为的，予以警告，责令限期改正；情节严重的，处 3 万元以下罚款。

第四十条 违反本规定第十三条、第十四条、第十五条或第十六条规定的，予以警告，责令限期改正；情节严重的，处 3 万元以下罚款。

第四十一条 未按本规定承担"三包"责任的，责令改正，并依法向社会公布。

第四十二条 本规定所规定的行政处罚，由县级以上质量技术监督部门等部门在职权范围内依法实施，并将违法行为记入质量信用档案。

第九章 附 则

第四十三条 本规定下列用语的含义：

家用汽车产品，是指消费者为生活消费需要而购买和使用的乘用车。

乘用车，是指相关国家标准规定的除专用乘用车之外的乘用车。

生产者，是指在中华人民共和国境内依法设立的生产家用汽车产品并以其名义颁发产品合格证的单位。从中华人民共和国境外进口家用汽车产品到境内销售的单位视同生产者。

销售者，是指以自己的名义向消费者直接销售、交付家用汽车产品并收取货款、开具发票的单位或者个人。

修理者，是指与生产者或销售者订立代理修理合同，依照约定为消费者提供家用汽车产品修理服务的单位或者个人。

经营者，包括生产者、销售者、向销售者提供产品的其他销售者、修理者等。

产品质量问题，是指家用汽车产品出现影响正常使用、无法正常使用或者产品质量与法规、标准、企业明示的质量状况不符合的情况。

严重安全性能故障，是指家用汽车产品存在危及人身、财产安全的产品质量问题，致使消费者无法安全使用家用汽车产品，包括出现安全装置不能起到应有的保护作用或者存在起火等危险情况。

第四十四条 按照本规定更换、退货的家用汽车产品再次销售的，应当经检验合格并明示该车是"'三包'换退车"以及更换、退货的原因。"'三包'换退车"的"三包"责任按合同约定执行。

第四十五条 本规定涉及的有关信息系统以及信息公开和管理、生产者信息备案、"三包"责任争议处理技术咨询人员库管理等具体要求由国家质检总局另行规定。

第四十六条 有关法律、行政法规对家用汽车产品的修理、更换、退货等另有规定的，从其规定。

第四十七条 本规定由国家质量监督检验检疫总局负责解释。

第四十八条 本规定自 2013 年 10 月 1 日起施行。

任务三 汽车召回管理

汽车召回是指按照《缺陷汽车产品召回管理规定》要求的程序，缺陷汽车产品制造商进行的消除其产品可能引起人身伤害、财产损失的缺陷的过程，包括制造商以有效方式通知销售商、修理商、车主等有关方面关于缺陷的具体情况及消除缺陷的方法等事项，并由制造商组织销售商、修理商等通过修理、更换、收回等具体措施有效消除其汽车产品缺陷的过程。

我国于2004年3月15日颁布了《缺陷汽车产品召回管理规定》，于同年10月1日开始生效实施，并于2013年1月1日升级为《缺陷汽车产品召回管理条例》（简称《条例》），进一步加大了汽车召回监管力度。根据《条例》第三条的规定，召回是指汽车产品生产者对其已售出的汽车产品采取措施消除缺陷的活动。生产者可以采取的召回措施包括：修正或者补充标识、修理、更换、退货等措施消除缺陷。生产者所采取的措施应当能够有效消除缺陷产品的安全隐患。有时一次召回也可以采取多项措施，例如为了快速预防事故或伤害的发生，可以先采取一个临时措施，然后在配件准备妥当或解决方案成熟时再采取进一步措施彻底消除缺陷。无论采取哪种召回措施，生产者都必须承担召回所产生的费用，包括消除缺陷的费用和必要的运送缺陷汽车产品的费用。

一、汽车召回的目的

加强对缺陷汽车产品召回事项的管理，消除缺陷汽车产品对使用者及公众人身、财产安全造成的不合理危险，维护公共安全、公众利益和社会经济秩序。

在判断汽车产品是否存在缺陷时，一般考虑以下几个因素：

（1）是否是质量问题，即是否是因为产品设计、制造或标识等原因导致的，不是使用或维护保养不当造成的。

（2）问题是否影响人身或财产安全，如是否可能导致交通事故或财产损失，或者是否不符合国家强制性安全标准，或者在特定情况下存在不合理的危险。

（3）问题是否普遍存在，例如在同一批次、型号或者类别的汽车中都存在。

二、汽车召回常见的缺陷形式

通过对国内外上万条汽车召回案例的分析研究发现，汽车的缺陷形式多种多样，但比较常见的缺陷形式有：

（1）转向、制动系统零部件突然失效，如助力泵或管路渗漏、ABS泵卡滞等，导致汽车部分或完全失去转向或制动能力。

（2）燃油系统零部件失效，例如燃油管路、燃油箱等连接不良或发生破裂，或者在碰撞事故中容易破损，可能导致燃油渗漏和汽车起火。

（3）发动机零部件失效，例如燃油泵突然停止工作、加速踏板或节气门突然卡住，可能导致汽车突然熄火或加速。

（4）车轮开裂，轮胎裂纹或鼓包，可能导致爆胎或车辆失控。

（5）发动机冷却风扇叶片突然断裂，可能导致维护人员受伤。

（6）风挡刮水器装置失效或电机过热，导致驾驶员视线不好或汽车起火。

（7）座椅或靠背在正常使用中突然失效，导致乘员可能受伤。

（8）汽车上的关键零部件开裂、脱开或脱落，可能导致油液渗漏、汽车失控，或者可能导致车内或车外人员受伤。

（9）汽车电器或电路出现短路或断路，可能导致汽车过热、起火或照明不好。

（10）随车附带的举升器突然坍塌，可能导致操纵人员受伤。

（11）气囊在应当膨开的情况下不膨开，或者在不该膨开的情况下膨开。

（12）车身结构件腐蚀，导致车身强度受到影响，影响碰撞安全性。

借鉴国外召回管理经验，以下问题通常不视为缺陷，可以不用召回的方式处置：

（1）空调系统制冷不好或音响系统工作不良，但不会致使电路过热、发动机熄火等安全隐患。

（2）车身非结构件或车身覆盖件的锈蚀。

（3）油漆或装饰件的瑕疵或褪色问题。

（4）机油或燃油消耗过大的问题。

（5）一般的噪声、振动或抖动问题，例如气门响声大、发动机噪声大等。

（6）汽车零部件的正常磨损问题，或者需要定期维护保养的问题，包括减震器、蓄电池、制动摩擦衬块以及排放控制系统部件等需要定期更换的零部件因寿命到期而出现的问题。

三、汽车召回和"三包"的区别

汽车召回是指汽车生产者按照《条例》规定的程序，选择修正或者补充标识、修理、更换、退货等措施消除其产品缺陷的过程。

汽车"三包"是指汽车销售者按照《家用汽车产品修理、更换、退货责任规定》的要求，通过修理、更换、退货的方式解决汽车产品质量问题的过程。

汽车召回和汽车"三包"都以强化生产经营者对产品质量的主体责任、保护消费者合法权益为根本目标。两者都是对已销售的汽车产品进行"后市场管理"，起到相互支持和

相互补充的作用。汽车召回与汽车"三包"都是通过免费的修理、更换或退货等服务措施为消费者解决产品质量问题。但是汽车召回与汽车"三包"有着本质的不同，主要体现在以下几个方面：

（1）责任性质和责任主体不同。汽车召回属于行政责任范畴，责任主体是生产者。汽车"三包"属于民事责任范畴，责任主体是销售者，销售者在承担"三包"责任后有权按照合同约定向生产者追偿。

（2）调整的汽车产品范围不同。汽车召回涵盖各种汽车（包括载客汽车和载货汽车）与汽车挂车，无论车辆是家用还是公用，无论是消费品还是生产资料，都被纳入召回监管范围。而汽车"三包"的产品范围仅限于家用汽车产品，即消费者为生活消费需要而购买和使用的乘用车，其范围比汽车召回的监管范围要窄很多。

（3）解决的产品质量问题的性质不同。汽车召回解决的是普遍性、安全性的产品质量问题，主要目的是防止缺陷产品对消费者和公众产生人身伤害和财产损失，维护公共安全。汽车"三包"解决的个案性的或非安全性的产品质量问题，主要目的是保护消费者合法权益不受侵害，维护消费者利益。

（4）涉及的产品质量问题期限不同。汽车召回没有期限限制，基本上在汽车产品整个寿命周期内出现的"缺陷"，生产者都应当进行召回。汽车"三包"有2年或5万km（以先到者为准）的"三包"期，3年或6万km（以先到者为准）的包修期。这意味着对于2年或5万km以上的汽车，销售者可以不承担更换或退货责任；对于3年或6万km以上的汽车，销售者对产品质量问题可以不承担免费维修责任。

（5）解决问题的方式和程序不同。对于汽车召回，生产者必须按《条例》规定的程序向国家质检总局备案召回计划，然后按照召回计划实施召回，包括通知每一位缺陷汽车的车主，向社会公布召回信息，向主管部门提交阶段性报告和总结报告等。对于汽车"三包"，销售者主要是根据质量问题的严重情况和修理情况等，按照《家用汽车产品修理、更换、退货责任规定》的要求进行修理、更换或者退货，如果与消费者之间有异议，主要通过协商解决，如协商不成，则通过申诉调解、仲裁和诉讼解决。

四、汽车召回的作业流程

对存在质量问题的汽车进行召回，是汽车制造厂商为客户提供的重要服务保障之一。汽车制造厂商通常需要通过指定的经销商来完成。当汽车整车出现批次性质量问题时，根据我国汽车召回的相关规定，由汽车制造厂商发布召回信息，由汽车制造厂商特约服务站负责进行维修处理。

（1）厂家发布召回通知，发布召回车辆批次及所属车辆客户名单。

（2）服务顾问电话通知客户在规定时间来服务站维修，并按标准服务流程进行接待，请客户出示行驶证、保养手册等相关证件。

（3）服务顾问安排客户车辆维修，并请客户在专门的保修单上签字。

（4）服务站整理维修客户资料及相关维修单据，并将保修单上传汽车制造厂商售后服务部门。

（5）客户保修所属由汽车制造厂商承担该维修项目费用。

五、汽车召回制度解读

《规定》由国家质量监督检验检疫总局、国家发展和改革委员会、商务部、海关总署联合制定，2004年3月15日正式发布，10月1日起开始实施，这是我国以缺陷汽车产品为试点首次实施召回制度。

1. 消费者有权提出建议

根据规定，消费者或车主发现汽车可能存在缺陷有权向主管部门、有关制造商、销售商、租赁商或者进口商投诉或反映汽车产品存在的缺陷，并可向主管部门提出开展缺陷产品召回的相关调查的建议。同时车主也应当积极配合制造商，进行缺陷汽车产品召回。

对于明知有缺陷却隐瞒不报的汽车制造商，主管部门除责令其进行召回外，还要向社会公布曝光，并依情节轻重处以相应数额的罚款。

2. 缺陷汽车产品召回

这是指按照规定程序，由缺陷汽车产品制造商（包括进口商）选择修理、更换、收回等方式消除其产品可能引起人身伤害、财产损失的缺陷的过程。缺陷指的是由于设计、制造等方面的原因而在某一批次、型号或类别的汽车产品中，普遍存在的具有同一性的危及人身、财产安全的危险。建立和实行缺陷汽车产品召回制度，将对保护消费者的合法权益，督促汽车经营者提高质量水平，促进全社会诚信水平的提高起到积极作用。

3. 汽车产品缺陷的认定

新颁布的《规定》要求，对于汽车产品缺陷的认定由专门成立的专家委员会负责。

为了使缺陷汽车管理制度建立在科学、客观、公正的基础上，质检总局将选择具有客观性、公正性的检验机构或组织建立专业配套的专家委员会作为技术支持单位，必要时委托进行有关汽车产品缺陷的调查。

4. 汽车制造商隐瞒缺陷将受到处罚

新颁布的《规定》为企图隐瞒缺陷的汽车制造商制定了惩处办法，除必须重新召回、通报批评外，还将被处以1万元以上3万元以下罚款。

制造商发生下列三种情况将受到惩处：一是制造商故意隐瞒缺陷的严重性；二是制造商试图利用本规定的缺陷汽车产品主动召回程序，规避主管部门监督；三是由于制造商的过错致使召回缺陷产品未达到预期目的，造成损害再度发生。

另外，制造商拒不执行指令召回的，将被暂停或收回汽车产品强制性认证证书。对境外生产的汽车产品，将停止办理缺陷汽车产品的进口报关手续。在缺陷汽车产品暂停进口公告发布前，已经运往我国尚在途中的，或业已到达我国尚未办结海关手续的缺陷汽车产品，应由进口商按海关有关规定办理退运手续。

5. 国家鼓励汽车制造商主动召回缺陷汽车

主动召回是世界汽车制造商的普遍做法，汽车制造商对缺陷汽车实施主动召回是企业诚信的表现。缺陷汽车召回不但能够保护消费者的权益，还可以促使汽车制造企业的经营行为更为规范，从而维护正当的竞争和市场秩序。从已实施召回制度多年的欧、美等国家和地区的实际情况看，汽车企业对缺陷产品召回，特别是企业对有缺陷的汽车产品的主动召回行动，不但不会影响企业在公众中的信誉，反而还会提升企业的信誉，给消费者和全社会留下负责守信的美名。这种行动的带动和辐射作用还可以影响到其他行业，带动全社会诚信水平的提高。此外，《规定》出台后，对国内生产的汽车和进口汽车一视同仁，国内外汽车享受同等待遇。

6. 消费者不承担召回费用

缺陷汽车召回是否要消费者承担一定费用呢？国家质量监督检验检疫总局有关负责人明确表示：召回对消费者是免费的。

汽车召回是以消除缺陷、避免伤害为目的，一般召回是以更换、修理缺陷部件为主要特征，具体召回活动由制造商组织完成并承担相应费用。因此，召回对消费者一般是免费的。

同时，企业的召回活动又是在法律的框架下进行的，政府主管部门在整个召回过程中要给予监督和指导，缺陷汽车产品召回制度的建立和实施是一项十分复杂而庞大的系统性工作，涉及政策研究、法规制定、前期技术准备、信息网络建设、实施后的日常运行管理以及宣传、培训等，需要国家专项财政予以支持。

7. 召回不等于退换

缺陷汽车被召回并不等于旧车退还厂家，再换新车。召回所说的缺陷是指由于设计、制造等方面的原因在某一批次、型号或类别的产品中普遍存在的同一缺陷，这种缺陷更多地表现为潜在的隐患。召回是针对群发性的故障，而不是偶然性造成的个案。产品某一方面有缺陷，并不意味着产品整体不好。如2003年发生群发性故障的几种车型，都是技术含量十分高的汽车产品。广大车主在遇到召回时，应当积极配合企业工作，在规定的时间到指定的地点做必要的维修。对缺陷产品实施召回，是一种很正常的商业行为，体现了厂商对顾客负责的态度。消费者应对这样的操作模式正确理解，不必反应过度。

8. 召回彰显公共安全至上

《规定》宗旨是加强对缺陷汽车产品召回事项的管理，消除缺陷汽车产品对使用者及公众人身、财产安全造成的危险，维护公共安全、公众利益和社会经济秩序。近年来，公共安全事故频发。以汽车为例，由于存在系统性缺陷引发的交通事故数目庞大。长期以来，由于我国没有关于召回的相关法律条文，致使一大批消费者无法保护自己的合法权益。

维护公共安全是一个成熟企业所做的必然选择。尽管召回于企业而言意味着巨大的成本付出，然而市场经济也是经济。企业对有缺陷的汽车产品的主动召回行动，不但不会影响在公众中的形象，反而还会提升企业的信誉，给消费者和全社会留下诚实守信的美名。

公共安全至上，不仅限于制定法律，更应重在执行。对于这一个新鲜事物，无论是召回的具体实施者——企业，还是召回的监督管理者——政府，都要经历一个磨合期。但是只要遵守公共安全至上的准则，我们就有理由相信这部法规的成功实施将为消费者编织一张安全网，为企业打造一块诚信牌，为政府形象增添新亮色。

9. 缺陷汽车召回案例

世界知名汽车企业都曾发出缺陷汽车召回通知，国家质量监督检验检疫总局提供了发生在2003年的缺陷汽车召回案例：

2003年5月，福特汽车公司召回1999—2000年推出的43 459辆林肯Continental型汽车，原因是汽车安全气囊可能会不正常弹出。2003年5月，通用汽车公司召回2003年推出的44 653辆中型运动型多用途车，以更换可能会断裂的有问题的制动管。2003年4月2日，日本三菱汽车工业株式会社在东京宣布对其在日本国内及海外市场的太空车（Space Wagon-N84型）实施免费召回检修。该车型召回检修的原因是前轮制动软管的固定位置不当，导致制动软管发生扭曲。在此状态下反复操作转向时，会使制动软管末端产生较大应力，最严重的情况有可能导致制动软管龟裂、制动液渗漏、制动力下降。

2003年2月19日，德国大众宣布，他们将在全球召回85万辆汽车，其中包括在美国召回的53万辆，以更换2001、2002和部分2003款车型的点火线圈。这些车型的发动机已发现有高于正常的故障率。这些有问题的发动机包括帕萨特W8、所有搭载2.8 L VR6发动机的大众轿车和奥迪3.0 L V6轿车。

《规定》经2003年9月28日国家质量监督检验检疫总局局务会议、2004年1月15日国家发展和改革委员会委务会、2004年2月23日海关总署署务会和2004年3月12日商务部部务会审议通过，现予公布，自2004年10月1日起施行。本规定首先从M1类车辆（驾驶员座位在内，座位数不超过9座的载客车辆）开始实施，其他车辆的具体实施时间另行通知。

附则

缺陷汽车产品召回管理规定第一章

第一条 为加强对缺陷汽车产品召回事项的管理，消除缺陷汽车产品对使用者及公众人身、财产安全造成的危险，维护公共安全、公众利益和社会经济秩序，根据《中华人民共和国产品质量法》等法律制定本规定。

第二条 凡在中华人民共和国境内从事汽车产品生产、进口、销售、租赁、修理活动的，适用本规定。

第三条 汽车产品的制造商（进口商）对其生产（进口）的缺陷汽车产品依本规定履行召回义务，并承担消除缺陷的费用和必要的运输费；汽车产品的销售商、租赁商、修理商应当协助制造商履行召回义务。

第四条 售出的汽车产品存在本规定所称缺陷时，制造商应按照本规定中主动召回或指令召回程序的要求，组织实施缺陷汽车产品的召回。

国家根据经济发展需要和汽车产业管理要求，按照汽车产品种类分步骤实施缺陷汽车产品召回制度。

国家鼓励汽车产品制造商参照本办法规定，对缺陷以外的其他汽车产品质量等问题，开展召回活动。

第五条 本规定所称汽车产品，指按照国家标准规定，用于载运人员、货物，由动力驱动或者被牵引的道路车辆。

本规定所称缺陷，是指由于设计、制造等方面的原因而在某一批次、型号或类别的汽车产品中普遍存在的具有同一性的危及人身、财产安全的不合理危险，或者不符合有关汽车安全的国家标准的情形。

本规定所称制造商，指在中国境内注册、制造、组装汽车产品并以其名义颁发产品合格证的企业，以及将制造、组装的汽车产品已经销售到中国境内的外国企业。

本规定所称进口商，指从境外进口汽车产品到中国境内的企业。进口商视同为汽车产品制造商。

本规定所称销售商，指销售汽车产品，并收取货款、开具发票的企业。

本规定所称租赁商，指提供汽车产品为他人使用，收取租金的自然人、法人或其他组织。

本规定所称修理商，指为汽车产品提供维护、修理服务的企业和个人。

本规定所称制造商、进口商、销售商、租赁商、修理商，统称经营者。

本规定所称车主，是指不以转售为目的，依法享有汽车产品所有权或者使用权的自然人、法人或其他组织。

本规定所称召回，指按照本规定要求的程序，由缺陷汽车产品制造商（包括进口商，下同）选择修理、更换、收回等方式消除其产品可能引起人身伤害、财产损失的缺陷的过程。

缺陷汽车产品召回管理规定第二章

第六条 质检总局（以下称主管部门）负责全国缺陷汽车召回的组织和管理工作。

国家发展和改革委员会、商务部、海关总署等国务院有关部门在各自职责范围内，配合主管部门开展缺陷汽车召回的有关管理工作。

各省、自治区、直辖市质量技术监督部门和各直属检验检疫机构（以下称地方管理机构）负责组织本行政区域内缺陷汽车召回的监督工作。

第七条 缺陷汽车产品召回的期限，整车为自交付第一个车主起，到汽车制造商明示的安全使用期止；汽车制造商未明示安全使用期的，或明示的安全使用期不满10年的，自销售商将汽车产品交付第一个车主之日起10年止。

汽车产品安全性零部件中的易损件，明示的使用期限为其召回时限；汽车轮胎的召回期限为自交付第一个车主之日起3年止。

第八条 判断汽车产品的缺陷包括以下原则：

（一）经检验机构检验安全性能存在不符合有关汽车安全的技术法规和国家标准的；

（二）因设计、制造上的缺陷已给车主或他人造成人身、财产损害的；

（三）虽未造成车主或他人人身、财产损害，但经检测、实验和论证，在特定条件下缺陷仍可能引发人身或财产损害的。

第九条 缺陷汽车产品召回按照制造商主动召回和主管部门指令召回两种程序的规定进行。

制造商自行发现，或者通过企业内部的信息系统，或者通过销售商、修理商和车主等相关各方关于其汽车产品缺陷的报告和投诉，或者通过主管部门的有关通知等方式获知缺陷存在，可以将召回计划在主管部门备案后，按照本规定中主动召回程序的规定，实施缺陷汽车产品召回。

制造商获知缺陷存在而未采取主动召回行动的，或者制造商故意隐瞒产品缺陷的，或者以不当方式处理产品缺陷的，主管部门应当要求制造商按照指令召回程序的规定进行缺陷汽车产品召回。

第十条 主管部门会同国务院有关部门组织建立缺陷汽车产品信息系统，负责收集、分析与处理有关缺陷的信息。经营者应当向主管部门及其设立的信息系统报告与汽车产品缺陷有关的信息。

第十一条 主管部门应当聘请专家组成专家委员会，并由专家委员会实施对汽车产品缺陷的调查和认定。根据专家委员会的建议，主管部门可以委托国家认可的汽车产品质量检验机构，实施有关汽车产品缺陷的技术检测。专家委员会对主管部门负责。

第十二条 主管部门应当对制造商进行的召回过程加以监督，并根据工作需要部署地方管理机构进行有关召回的监督工作。

第十三条 制造商或者主管部门对已经确认的汽车产品存在缺陷的信息及实施召回的有关信息，应当在主管部门指定的媒体上向社会公布。

第十四条 缺陷汽车产品信息系统和指定的媒体发布缺陷汽车产品召回信息，应当客观、公正、完整。

第十五条 从事缺陷汽车召回管理的主管部门及地方机构和专家委员会、检验机构及其工作人员,在调查、认定、检验等过程中应当遵守公正、客观、公平、合法的原则,保守相关企业的技术秘密及相关缺陷调查、检验的秘密;未经主管部门同意,不得擅自泄露相关信息。

缺陷汽车产品召回管理规定第三章

第十六条 制造商应按照国家标准《道路车辆识别代号》(GB/T 16735—16738)中的规定,在每辆出厂车辆上标注永久性车辆识别代码(VIN);应当建立、保存车辆及车主信息的有关记录档案。对上述资料应当随时在主管部门指定的机构备案(见附件1)。

制造商应当建立收集产品质量问题、分析产品缺陷的管理制度,保存有关记录。

制造商应当建立汽车产品技术服务信息通报制度,载明有关车辆故障排除方法、车辆维护、维修方法,服务于车主、销售商、租赁商、修理商。通报内容应当向主管部门指定机构备案。

制造商应当配合主管部门对其产品可能存在的缺陷进行调查,提供调查所需的有关资料,协助进行必要的技术检测。

制造商应当向主管部门报告其汽车产品存在的缺陷;不得以不当方式处理其汽车产品缺陷。

制造商应当向车主、销售商、租赁商提供本规定附件3和附件4规定的文件,便于其发现汽车产品存在缺陷后提出报告。

第十七条 销售商、租赁商、修理商应当向制造商和主管部门报告所发现的汽车产品可能存在的缺陷的相关信息,配合主管部门进行相关调查,提供调查需要的有关资料,并配合制造商进行缺陷汽车产品的召回。

第十八条 车主有权向主管部门、有关经营者投诉或反映汽车产品存在的缺陷,并可向主管部门提出开展缺陷产品召回的相关调查的建议。

车主应当积极配合制造商进行缺陷汽车产品召回。

第十九条 任何单位和个人,均有权向主管部门和地方管理机构报告汽车产品可能存在的缺陷。

主管部门针对汽车产品可能存在的缺陷进行调查时,有关单位和个人应当予以配合。

缺陷汽车产品召回管理规定第四章

第二十条 制造商确认其汽车产品存在缺陷,应当在5个工作日内以书面形式向主管部门报告;制造商在提交上述报告的同时,应当在10个工作日内以有效方式通知销售商停止销售所涉及的缺陷汽车产品,并将报告内容通告销售商。境外制造商还应在10个工作日内以有效方式通知进口商停止进口缺陷汽车产品,并将报告内容报送商务部且通告进口商。

销售商、租赁商、修理商发现其经营的汽车产品可能存在缺陷,或者接到车主提出的汽车产品可能存在缺陷的投诉，应当及时向制造商和主管部门报告。

车主发现汽车产品可能存在缺陷，可通过有效方式向销售商或主管部门投诉或报告。

其他单位和个人发现汽车产品可能存在缺陷应参照上述附件中的内容和格式向主管部门报告。

第二十一条　主管部门接到制造商关于汽车产品存在缺陷后，按照第五章缺陷汽车产品主动召回程序处理。

第二十二条　主管部门根据其指定的信息系统提供的分析、处理报告及其建议，认为必要时，可将相关缺陷的信息以书面形式通知制造商，并要求制造商在指定的时间内确认其产品是否存在缺陷及是否需要进行召回。

第二十三条　制造商在接到主管部门依第二十二条规定发出的通知，并确认汽车产品存在缺陷后，应当在5个工作日内依附件三的书面报告格式向主管部门提交报告，并按照第五章缺陷汽车产品主动召回程序实施召回。

制造商能够证明其产品不需召回的，应向主管部门提供翔实的论证报告，主管部门应当继续跟踪调查。

第二十四条　制造商在第二十三条所称论证报告中不能提供充分的证明材料或其提供的证明材料不足以证明其汽车产品不存在缺陷，又不主动实施召回的，主管部门应组织专家委员会进行调查和鉴定，制造商可以派代表说明情况。

主管部门认为必要时，可委托国家认可的汽车质量检验机构对相关汽车产品进行检验。

主管部门根据专家委员会意见和检测结果确认其产品存在缺陷的，应当书面通知制造商实施主动召回，有关缺陷鉴定、检验等费用由制造商承担。如制造商仍拒绝主动召回，主管部门应责令制造商按照第六章的规定实施指令召回程序。

缺陷汽车产品召回管理规定第五章

第二十五条　制造商确认其生产且已售出的汽车产品存在缺陷决定实施主动召回的，应当在按本规定第二十条或者第二十三条的要求向主管部门报告，并应当及时制定包括以下基本内容的召回计划，提交主管部门备案：

（一）有效停止缺陷汽车产品继续生产的措施。

（二）有效通知销售商停止批发和零售缺陷汽车产品的措施。

（三）有效通知相关车主有关缺陷的具体内容和处理缺陷的时间、地点和方法等。

（四）客观公正地预测召回效果。

境外制造商还应提交有效通知进口商停止缺陷汽车产品进口的措施。

第二十六条　制造商在向主管部门备案的同时，应当立即将其汽车产品存在的缺陷、可能造成的损害及其预防措施、召回计划等，以有效方式通知有关进口商、销售商、租赁商、修理商和车主，并通知销售商停止销售有关汽车产品，进口商停止进口有关汽车

产品。制造商须设置热线电话，解答各方询问，并在主管部门指定的网站上公布缺陷情况供公众查询。

第二十七条　制造商依第二十五条的规定提交附件三的报告之日起1个月内，制定召回通知书，向主管部门备案，同时告知销售商、租赁商、修理商和车主，并开始实施召回计划。

第二十八条　制造商按计划完成缺陷汽车产品召回后，应在1个月内向主管部门提交召回总结报告。

第二十九条　主管部门应当对制造商采取的主动召回行动进行监督，对召回效果进行评估，并提出处理意见。

主管部门认为制造商所进行的召回未能取得预期效果，可通知制造商再次进行召回，或依法采取其他补救措施。

缺陷汽车产品召回管理规定第六章

第三十条　主管部门依第二十四条规定经调查、检验、鉴定确认汽车产品存在缺陷，而制造商又拒不召回的，应当及时向制造商发出指令召回通知书。国家认证认可监督管理部门责令认证机构暂停或收回汽车产品强制性认证证书。对境外生产的汽车产品，主管部门会同商务部和海关总署发布对缺陷汽车产品暂停进口的公告，海关停止办理缺陷汽车产品的进口报关手续。在缺陷汽车产品暂停进口公告发布前，已经运往我国尚在途中的，或业已到达我国尚未办结海关手续的缺陷汽车产品，应由进口商按海关有关规定办理退运手续。

主管部门根据缺陷的严重程度和消除缺陷的紧急程度，决定是否需要立即通报公众有关汽车产品存在的缺陷和避免发生损害的紧急处理方法及其他相关信息。

第三十一条　制造商应当在接到主管部门指令召回的通知书之日起5个工作日内，通知销售商停止销售该缺陷汽车产品，在10个工作日内向销售商、车主发出关于主管部门通知该汽车存在缺陷的信息。境外制造商还应在5个工作日内通知进口商停止进口该缺陷汽车产品。

制造商对主管部门的决定等具体行政行为有异议的，可依法申请行政复议或提起行政诉讼。在行政复议和行政诉讼期间，主管部门通知中关于制造商进行召回的内容暂不实施，但制造商仍须履行前款规定的义务。

第三十二条　制造商接到主管部门关于缺陷汽车产品指令召回通知书之日起10个工作日内，应当向主管部门提交符合本规定第二十五条要求的有关文件。

第三十三条　主管部门应当在收到该缺陷汽车产品召回计划后5个工作日内将审查结果通知制造商。

主管部门批准召回计划的，制造商应当在接到批准通知之日起1个月内，依据批准的召回计划制定缺陷汽车产品召回通知书，向销售商、租赁商、修理商和车主发出该召回通知书，并报主管部门备案。召回通知书应当在主管部门指定的报刊上连续刊登 3 期，召回期间在主管部门指定网站上持续发布。

主管部门未批准召回计划的，制造商应按主管部门提出的意见进行修改，并在接到通知之日起 10 个工作日内再次向主管部门递交修改后的召回计划，直到主管部门批准为止。

第三十四条　制造商应在发出召回通知书之日起，开始实施召回，并在召回计划时限内完成。

制造商有合理原因未能在此期限内完成召回的，应向主管部门提出延长期限的申请，主管部门可根据制造商申请适当延长召回期限。

第三十五条　制造商应自发出召回通知书之日起，每 3 个月向主管部门提交符合本规定要求的召回阶段性进展情况的报告；主管部门可根据召回的实际效果，决定制造商是否应采取更为有效的召回措施。

第三十六条　对每一辆完成召回的缺陷汽车，制造商应保存符合本规定要求的召回记录单。召回记录单一式两份，一份交车主保存，一份由制造商保存。

第三十七条　制造商按计划完成召回后，应在 1 个月内向主管部门提交召回总结报告。

第三十八条　主管部门应对制造商提交的召回总结报告进行审查，并在 15 个工作日内书面通知制造商审查结论。审查结论应向社会公布。

主管部门认为制造商所进行的召回未能取得预期的效果，可责令制造商采取补救措施，再次进行召回。

如制造商对审查结论有异议，可依法申请行政复议或提起行政诉讼。在行政复议或行政诉讼期间，主管部门的决定暂不执行。

第三十九条　主管部门应及时公布制造商在中国境内进行的缺陷汽车召回、召回效果审查结论等有关信息，通过指定网站公布，为查询者提供有关资料。主管部门应向商务部和海关总署通报进口缺陷汽车的召回情况。

缺陷汽车产品召回管理规定第七章

第四十条　制造商违反本规定第十六条第一、二、三、四款规定，不承担相应义务的，质量监督检验检疫部门应当责令其改正，并予以警告。

第四十一条　销售商、租赁商、修理商违反本规定第十七条有关规定，不承担相应义务的，质量监督检验检疫部门可以酌情处以警告、责令改正等处罚；情节严重的，处以 1 000 元以上 5 000 元以下罚款。

第四十二条　有下列情形之一的，主管部门可责令制造商重新召回，通报批评，并由质量监督检验检疫部门处以 10 000 元以上 30 000 元以下罚款：

（一）制造商故意隐瞒缺陷的严重性的。

（二）试图利用本规定的缺陷汽车产品主动召回程序，规避主管部门监督的。

（三）由于制造商的过错致使召回缺陷产品未达到预期目的，造成损害再度发生的。

第四十三条 从事缺陷汽车管理职能的管理机构及其工作人员，受其委托进行缺陷调查、检验和认定的工作人员，徇私舞弊，违反保密规定的，给予行政处分；直接责任人徇私舞弊，贪赃枉法，构成犯罪的，依法追究刑事责任。

有关专家做伪证，检验人员出具虚假检验报告，或捏造散布虚假信息的，取消其相应资格，造成损害的，承担赔偿责任；构成犯罪的，依法追究刑事责任。

缺陷汽车产品召回管理规定第八章

第四十四条 制造商实施缺陷汽车产品召回，不免除车主及其他受害人因缺陷汽车产品所受损害，要求其承担的其他法律责任。

第四十五条 本规定由国家质量监督检验检疫总局、国家发展和改革委员会、商务部、海关总署在各自职责范围内负责解释。

第四十六条 本规定自 2004 年 10 月 1 日起实施。

自 2006 年 8 月 1 日起对 M2、M3 类车辆（驾驶员座位在内座位数超过 9 个的载客车辆）也开始适用《规定》。

缺陷汽车产品召回管理规定相关信息：

2012 年 10 月 10 日，国务院总理温家宝主持召开国务院常务会议，审议通过《缺陷汽车产品召回管理条例（草案）》。

草案规定：批量汽车产品普遍存在危及安全使用质量问题的，应当立即停止生产、销售、进口，由其生产者实施召回，并及时发布产品缺陷信息。对实施召回的缺陷汽车产品，生产者应当及时采取措施消除缺陷。消除缺陷费用和必要的运送缺陷汽车产品费用由生产者承担。草案还对生产者隐瞒汽车产品缺陷或不按规定召回缺陷汽车产品的行为规定了严格的法律责任。

第 60 号

《规定》经 2003 年 9 月 28 日国家质量监督检验检疫总局局务会议、2004 年 1 月 15 日国家发展和改革委员会委务会、2004 年 2 月 23 日海关总署署务会和 2004 年 3 月 12 日商务部部务会审议通过，现予公布，自 2004 年 10 月 1 日起施行。本规定首先从 M1 类车辆（驾驶员座位在内，座位数不超过 9 座的载客车辆）开始实施，其他车辆的具体实施时间另行通知。

项目五　事故车辆维修服务

 案例导入：

2018年5月，王先生驾驶车辆在市区道路上与一辆SUV相撞，造成双方车损，经交警判定王先生负本次事故全责。王先生购车并购买保险，具体险种有交通强制保险、车损险（10万元）、第三者责任险（50万元），不计免赔险。你作为4S店的事故车服务顾问，怎样向王先生提供协赔服务？要求服务过程中能够正确解决客户问题，体现客户关怀，提升客户满意度。

任务一　汽车保险概述

一、汽车保险的基本知识

1. 汽车保险的定义

汽车保险又称机动车辆保险，是以机动车辆本身及其第三者责任等为保险标的的一种运输工具保险。其保险客户，主要是拥有各种机动交通工具的法人团体和人；其保险标的，主要是各种类型的汽车，但也包括电车、电瓶车等专用车辆及摩托车等。

2. 汽车保险的特征

1）保险标的出险率较高

汽车是陆地的主要交通工具。其经常处于运动状态，总是载着人或货物不断地从一个地方开往另一个地方，很容易发生碰撞及其意外事故，造成人身伤亡或财产损失。由于车辆数量的迅速增加，一些国家交通设施及管理水平跟不上车辆的发展速度，再加上驾驶员的疏忽、过失等人为原因，交通事故发生频繁，汽车出险率较高。

2）业务量大，投保率低

由于汽车出险率较高，故汽车的所有者需要以保险方式转嫁风险。各国政府在不断改善交通设施，严格制定交通规章的同时，为了保障受害人的利益，对第三者责任保险实施强制保险。

保险人为适应投保人转嫁风险的不同需要，为被保险人提供了更全面的保障，在开展车辆损失险和第三者责任险的基础上，推出了一系列附加险，使汽车保险成为财产保险中业务量较大、投保率较高的一个险种。

3）扩大保险利益

汽车保险中，针对汽车的所有者与使用者不同的特点，汽车保险条款一般规定：不仅被保险人本人使用车辆时发生保险事故保险人要承担赔偿责任，而且凡是被保险人允许的驾驶员使用车辆时，也视为其对保险标的具有保险利益，如果发生保险单上约定的事故，保险人同样要承担事故造成的损失，保险人须说明汽车保险的规定以"从车"为主，凡经被保险人允许的驾驶员驾驶被保险人的汽车造成保险事故的损失，保险人须对被保险人负赔偿责任。

4）被保险人自负责任与无赔款优待

为了促使被保险人注意维护、养护车辆，使其保持安全行驶技术状态，并督促驾驶员注意安全行车，以减少交通事故，保险合同上一般规定：驾驶员在交通事故中所负责任，车辆损失险和第三者责任险在符合赔偿规定的金额内实行绝对免赔率；保险车辆在保险期限内无赔款，续保时可以按保险费的一定比例享受无赔款优待。

3. 汽车保险的作用

（1）促进汽车工业的发展，扩大了对汽车的需求。
（2）稳定了社会公共秩序。
（3）促进了汽车安全性能的提高。
（4）汽车保险业务在财产保险中占有重要地位。

二、汽车保险原则

案例：机动车辆保险骗赔猖獗。

近年来，我国的汽车保险市场显示出越来越巨大的潜力。然而，随着机动车辆保有量的迅速增加，机动车辆出险率也开始大幅提升，尤为严重的是欺诈行为不断增加。各保险公司的查勘理赔队伍人员较少、素质较低，加之相关法律、道德舆论对保险骗赔现象缺乏有效的约束力，致使一部分别有用心的人乘机以各种手段进行骗赔，保险骗赔案件呈上升趋势。据保守估计，约有20%的赔款属于欺诈，保险骗赔犯罪触目惊心。

保险骗赔不仅有悖于保险经营的公平诚信等原则，而且还威胁着保险事业的生存与发展，严重破坏了国家的经济、金融秩序。减少或者杜绝骗赔行为是保险公司控制经营风险的内在要求，也是保持保险市场良性发展、维护消费者利益的必要举措。

要防范骗赔案件的发生，保险公司就必须强化承保理赔机制，完善各项理赔管理环节，把被动的"事后控制"转变为主动的"事前预防"，尤其对疑难赔案，要充分发挥保险公司与公安检察等机关建立的联络机制的作用，加大对骗赔案件的调查、侦破和打击力度，真正对骗赔者构成威慑。投保人和被保险人要树立正确的参保观念，切不可怀有投机心理。同时，有关职能部门也要严把各个关口，不为骗赔者提供便利。

在本章的学习中，我们将了解我国汽车保险的基本原则，主要包括最大诚信原则、保险利益原则、损失补偿原则和近因原则，对保险人和投保人、被保险人在汽车保险活动中应遵循的基本原则进行系统介绍。

（一）最大诚信原则

1. 最大诚信原则的含义

最大诚信原则的基本含义：保险合同当事人双方在签订和履行保险合同时，必须以最大的诚意，履行自己应尽的义务，互不欺骗和隐瞒，恪守合同的承诺和义务，否则保险合同无效。

2. 规定最大诚信原则的原因

（1）保证保险合同的合意性。

（2）保证保险交易的公平性。

（3）保证保险合同的合法性。

3. 最大诚信原则的内容

（1）保险人的说明义务。保险人的说明义务是指订立保险合同时，保险人应当向投保人解释合同条款的内容，特别是免责条款的义务。

（2）投保人的如实告知义务。

①如实告知的含义。

②告知义务人。

③告知的时间和范围。

④告知义务的内容。

（3）投保人或被保险人的保证义务。

①保证的概念和作用。保证是最大诚信原则的一项重要内容。

②保证的种类。保证通常包括明示保证和默示保证。

③保证与告知的区别。

④保证义务违反的法律后果。保证是保险的基础，因而各国立法对投保人或被保险人遵守保证事项的要求十分严格，投保人或者被保险人违反保证义务，无论故意或者过失，保险人均有权解除合同，不承担赔偿责任。

4. 弃权和禁止反言

弃权是指保险人放弃因投保人或被保险人违反告知或保证义务而产生的保险合同解除权。

禁止反言又称禁止抗辩，是指保险人既然放弃自己的权利，将来不得反悔再向对方主张已经放弃的权利。

违反最大诚信原则的表现形式及其法律后果：

《中华人民共和国保险法》（简称《保险法》）第十六条规定："订立保险合同，保险人就保险标的或者被保险人的有关情况提出询问的，投保人应当如实告知。投保人故意或者因重大过失未履行前款规定的如实告知义务，足以影响保险人决定是否同意承保或者提高保险费率的，保险人有权解除合同。前款规定的合同解除权，自保险人知道有解除事由之日起，超过30日不行使而消灭。自合同成立之日起超过2年的，保险人不得解除合同；发生保险事故的，保险人应当承担赔偿或者给付保险金的责任。投保人故意不履行如实告知义务的，保险人对于合同解除前发生的保险事故，不承担赔偿或者给付保险金的责任，并不退还保险费。投保人因重大过失未履行如实告知义务，对保险事故的发生有严重影响的，保险人对于合同解除前发生的保险事故，不承担赔偿或者给付保险金的责任，但应当退还保险费。保险人在合同订立时已经知道投保人未如实告知的情况的，保险人不得解除合同；发生保险事故的，保险人应当承担赔偿或者给付保险金的责任。保险事故是指保合同约定的保险责任范围内的事故。"

（二）保险利益原则

1. 保险利益及其确立条件

（1）保险利益。保险利益也叫可保利益，是指投保人或被保险人对保险标的具有的法律上承认的利益。

（2）保险利益的确立条件。

①必须是合法的利益。

②必须是经济上的利益。

③必须是确定的利益。

2. 保险利益原则及其对保险经营的意义

各国法律都把保险利益作为保险合同生效和有效的重要条件，主要有两层含义：第一，对保险标的有保险利益的人才具有投保人的资格；第二，保险利益是认定保险合同有效的依据。这就是所谓的保险利益原则。

保险利益原则的确立，有三方面的意义：

①防止道德危险因素，以保障被保险人的生命安全与财产安全。

②消除赌博行为。

③限制保险补偿的程度。

3. 保险利益原则在保险实务中的应用

在机动车辆保险的经营过程中，涉及保险利益原则方面存在一个比较突出的问题，即被保险人与车辆所有人不吻合的问题。在车辆买卖过程中，由于没有对投保单项下的被保险人进行及时的变更，导致其与持有行驶证的车辆所有人不吻合，一旦车辆发生损失，原车辆所有人由于转让了车辆，不具备对车辆的可保利益，而导致其名下的保单失效，而车辆新的所有者由于不是保险合同中的被保险人，当然也不能向保险人索赔，这种情况在出租车转让过程中更明显。

（三）损失补偿原则

1. 损失补偿原则及其意义

（1）损失补偿原则。损失补偿原则是指保险事故发生使被保险人遭受损失时，保险人必须在保险责任范围内对被保险人所受的损失进行补偿。

（2）损失补偿原则的意义。

①遏制道德危险的发生。

②保证保险分配的公平合理。

③发挥防灾减损的社会效应。

2. 影响保险补偿的因素

（1）实际损失。保险补偿以实际损失为限。

（2）保险金额。保险金额是保险人承担赔偿责任的最高限额。

（3）保险利益。保险利益是保险补偿的最高限度。

（4）直接损失。保险补偿只负责被保险人的直接经济损失，除合同另有约定外。

3. 损失补偿原则的派生原则

从损失补偿原则派生出来的，还有重复保险分摊原则和代位原则。它们也都仅适用于财产保险而不适用于人身保险。

1）重复保险分摊原则

重复保险分摊原则仅适用于财产保险中的重复保险。

2）代位原则

代位原则是损失补偿原则的派生原则。

（1）代位追偿。代位追偿又称为权利代位，是指在财产保险中，由于第三者的过错致使保险标的发生保险责任范围内的损失，保险人按照保险合同的约定给付了保险金后，有权将自己置于被保险人的地位，获得被保险人有关该项损失的一切权利和补偿。

（2）物上代位。物上代位是指保险标的遭受风险损失后，一旦保险人履行了对被保险人的赔偿义务，即刻拥有对保险标的的所有权。

4. 损失补偿原则的例外情况

（1）人身保险的例外。由于人身保险的保险标的是无法估价的人的生命或身体机能，故其可保利益也是无法估价的。

（2）定值保险的例外。所谓定值保险，是指保险合同双方当事人在订立保险合同时，约定保险标的的价值，并以此确定为保险金额，视为足额保险。

（3）重置价值保险的例外。所谓重置价值保险，是指以被保险人重置或重建保险标的所需费用或成本确定保险金额的保险。

（四）近因原则

1. 近因及近因原则

近因原则是判断保险事故与保险标的损失之间的因果关系，从而确定保险赔偿责任的一项基本原则。

所谓近因，并非指时间上最接近损失的原因，而是指促成损失结果的最有效的或起决定作用的原因。

近因原则的基本含义：如果引起保险事故发生造成保险标的损失的近因属于保险责任，那么保险人承担损失赔偿责任；如果近因属于除外责任，那么保险人不负赔偿责任。即只有当承保危险是损失发生的近因时，保险人才负赔偿责任。

2. 近因原则的应用

（1）单一原因致损。造成损失的原因只有一个，这个原因就是近因。

（2）多种原因同时致损。多种原因同时致损，则原则上它们都是损失的近因。

（3）多种原因连续发生致损。多种原因连续导致损失，并且前因和后因之间存在未中断的因果关系，则最先发生并造成一连串事故的原因为近因。

（4）多种原因间断发生致损。当发生并导致损失的原因有多个，且在一连串发生的原因中有间断情形，即有新的独立的原因介入，使原有的因果关系断裂，并导致损失，则新介入的独立原因为近因。

三、汽车保险险种分析

（一）汽车保险险种

机动车辆保险一般包括交强险和商业险，其中商业险又包括基本险和附加险两部分。

基本险可分为车辆损失保险、第三者责任保险、全车盗抢险（盗抢险）、驾驶人座位责任险和乘客座位责任险。

附加险包括玻璃单独破碎险、自燃损失险、车身划痕损失险、涉水行驶损失险、无过失责任险、车载货物掉落责任险、车辆停驶损失险、新增设备损失险、不计免赔特约险等。其中玻璃单独破碎险、自燃损失险、新增设备损失险，是车身损失险的附加险，必须先投保车辆损失险后才能投保这几个附加险；驾驶人座位责任险、乘客座位责任险、无过错责任险、车载货物掉落责任险等，是商业第三者责任险的附加险，必须先投保商业第三者责任险后才能投保这几个附加险；每个险种不计免赔是可以独立投保的。

通常所说的交强险（即机动车交通事故责任强制保险）也属于广义的第三者责任险，是国家规定强制购买的保险，机动车必须购买才能够上路行驶、年检、挂牌，且在发生第三者损失需要理赔时，必须先赔付交强险再赔付其他险种。

商业险是非强制购买的保险，车主可以根据实际情况进行。

1. 车辆损失险

车辆损失险的保险标的是各种机动车辆的车身及其零部件、设备等。当保险车辆遭受保险责任范围内的自然灾害或意外事故，造成保险车辆本身损失时，保险人应当依照保险合同的规定给予赔偿。车损险是费率浮动的险种，车主在续保时保险公司会根据出险和理赔的情况进行动态的调整，如某保险公司设定了12个车险费率调整等级，等级最高的为十二等级，其保险费将调整为基数的200%；等级最低的为一等级，其保险费将调整为基数的50%。

2. 商业第三者责任险

机动车辆第三者责任险的保险责任是被保险人或其允许的合格驾驶员在使用被保险车辆过程中发生意外事故而致使第三者人身或财产受到直接损毁时被保险人依法应当支付的赔偿的金额。

撞车或撞人是开车时最害怕的，自己爱车受损失不算，还要花大笔的钱来赔偿他人的损失。因为交强险在对第三者的医疗费用和财产损失上赔偿相对较低，所以购买交强险后仍可考虑购买第三者责任险作为补充。

3. 全车盗抢险

负责赔偿保险车辆因被盗窃、被抢劫、被抢夺造成车辆的全部损失，以及其间由于车辆损坏或车上零部件、附属设备丢失所造成的损失。车辆丢失后可从保险公司得到车辆实际价值（以保单约定为准）的80%的赔偿。若被保险人缺少车钥匙，则只能得到75%的赔偿。

4. 驾驶人乘客责任险

驾驶人乘客责任险（又称车上人员责任险），是保障被保险人及其允许的合法驾驶人在使用保险车辆过程中发生意外事故，致使保险车辆车上人员遭受人身伤亡的费用赔偿。

车辆座位分为驾驶人座位和乘客座位。投保乘客座位数按照保险车辆的核定载客数（驾驶人座位除外）确定。驾驶人座位最高赔偿限额和乘客座位每座最高赔偿限额是可选的。车上人员责任险的保险金额由被保险人和保险公司协商确定，一般每个座位保额按1万~5万元确定。驾驶人和乘客的投保人数一般不超过保险车辆行驶本的核定座位数。

5. 玻璃单独破碎险

玻璃单独破碎险即保险公司负责赔偿被保险的车辆在使用过程中，车辆本身发生玻璃单独破碎的损失的一种商业保险。要注意，"单独"二字是指被保车辆只有风窗玻璃和车窗玻璃（不包括车灯、车镜玻璃）出现破损的情况下保险公司才可以进行赔偿。

6. 自燃损失险

车辆自燃损失险简称自燃险，是车损险的一个附加险，只有在投保了车损险之后才可以投保自燃险。在保险期内，保险车辆在使用过程中，由于本车电路、线路、油路、供油系统、货物自身发生问题，机动车运转摩擦起火引起火灾，造成保险车辆的损失，以及被保险人在发生该保险事故时，为减少保险车辆损失而必须支出的合理施救费用，保险公司会相应地进行赔偿。

7. 车身划痕损失险

车身划痕损失险又称划痕险，是指由于他人的恶意行为造成车身划痕损坏，保险公司将按实际损失进行赔偿。它属于附加险中的一项，主要是作为车损险的补充，能够为意外原因造成的车身划痕提供有效的保障。划痕险针对的是车身漆面的划痕，若碰撞痕迹明显，划了个口子，还有个大凹坑，这个就不属于划痕，属于车损险的理赔范围。赔偿时可能存在免赔率，也就是说保险公司不一定赔偿全部损失，部分损失可能需要自己承担。划痕险的保险金额为2 000元、5 000元、10 000元或20 000元，由投保人和保险人在投保时协商确定。

8. 涉水行驶损失险

涉水行驶损失险又称涉水险、汽车损失保险，或称发动机特别损失险，各个保险公司叫法不一，但其本质一致，是一种新衍生的险种，均指车主为发动机购买的附加险。它主要是保障车辆在积水路面涉水行驶或被水淹后致使发动机损失可给予赔偿。但是如果被水淹后车主还强行起动发动机而造成损害，那么保险公司将不予赔偿。关于此险种，保险公司条款有差异，具体赔付可以查阅各保险公司的条款内容。

9. 不计免赔特约险

所谓不计免赔特约险，是指车险中的不计免赔特约条款，它属于商业附加险的一种。该险种通常是指经特别约定，保险事故发生后，按照对应投保的主险条款规定的免赔率计算的应当由被保险人自行承担的免赔额部分，保险人负责赔偿的一种保险。投保后，车主不仅可以享受到按保险条款应由保险公司承担的那一部分赔偿；还可享受到由于车主在事故中负有责任而应自行承担的那部分金额赔偿。

（二）被保险人在保险索赔中应注意的问题

为保证索赔理赔工作的顺利进行，保险立法及具体的保险合同规定了各方当事人在索赔和理赔过程中应当享有的权利和承担的义务。

1. 被保险人的权利和义务

1）权利

被保险人具有索赔权。如果被保险人履行了所承担的各项义务，就有权在保险单许可的范围内，要求保险人赔偿保险事故造成的损失或给付保险金。保险人对于其保险责任项下的款项应当迅速赔付，不得以其权利（诸如代位求偿权或分摊权等）尚未实现为由而暂缓赔付，否则将构成违约。

2）义务

（1）发生保险事故的通知义务。被保险人在发生了保险事故后，应当立即通知保险人，将发生保险事故的事实以及损害情况通知保险人及其代理人。其目的是让保险人能够及时调查保险事故发生的原因，查证损失情况，并采取适当的措施来防止损失的扩大，用以避免因延误时间而增加调查的困难，防止被保险人隐瞒或消灭证据等欺诈行为。

如果被保险人在保险事故发生后，在48 h内（不可抗力因素除外）能够通知而没有向保险人及其代理人发出通知的，即违反了这一义务，保险人有权因此而拒绝赔偿。

（2）施救的义务。虽然被保险人的损失可以从保险人那里得到约定的赔偿，但是出于保护社会财富，防止被保险人谋取不当利益的道德危险的要求，保险立法规定了此项义务，即被保险人在保险事故发生时，应当采取必要的合理的措施进行抢救，防止或减少保险标的的损失。同时，被保险人对于其履行施救义务中支出的必要费用有权要求保险人予以承担。如果违反这一义务，保险人对于由此造成的损失扩大部分，不承担赔偿责任。

（3）提供索赔单证的义务。为了获取保险人的赔付，被保险人在提出要求时，应当按照有关保险立法和保险合同的规定，向保险人提交有关的索赔单证，以此证明保险事故发生的事实和损失数额。否则，保险人将有权拒绝接受其索赔请求。

2. 保险人的权利和义务

1）权利

（1）调查权。为使审核损失、确定责任的工作得到顺利进行，法律赋予保险人调查损失的权利。基于这一权利，保险人可以进入事故现场，调查事故发生的原因及造成的损失情况。必要时，保险人有权聘请专门机构和人员评估损失。并且，保险人有权审核被保险人或受益人提交的索赔单证是否真实、齐全。

（2）代位求偿权。如果第三者对于保险标的的损失依法负有赔偿责任，保险人在向被保险人进行赔付时，有权要求被保险人将其享有的第三者的赔偿请求转移给保险人自己。然后，保险得以代被保险人代位向第三者追索赔偿。保险人取得代位求偿权的前提是向被保险人履行了保险赔偿义务。

如果被保险人作为受害人已经从第三者处得到了赔偿，且所得赔偿的数额等于或大于保险人依保险合同所应赔付的数额，被保险人在保险合同中的索赔权随之消失，则保险人也就不存在代位求偿的权利。

（3）分摊权。这一权利存在于重复保险的财产保险合同中。如果投保人就同一保险标的分别向两个或两个以上的保险品过了被保险人的实际损失的，则构成重复保险，在重复保险的情况下，被保险人只向其中一个保险人提出索赔请求时，该保险人有权向其他保险人要求，按一定的分摊方法承担各自的赔偿责任，保险人要求其他保险人分摊损失的权利即分摊权。

2）义务

保险人在索赔和理赔过程中的主要义务：应当根据被保险人或受益人的索赔要求，及时正确地进行理赔，依据法律和保险合同的规定，向被保险人或受益人予以赔付。否则，保险人应当赔付而未予赔付，或故意拖延赔付，或所赔付的数额小于应当赔付的范围的，均构成违约行为，其依法要承担违约责任。

3. 保险索赔时应注意的其他问题

（1）保险车辆发生的损失是第三方造成的，应由其负责赔偿时，被保险人首先应向第三方索赔。如遇第三方不予支付的情况，应向人民法院提起诉讼，然后携带人民法院的受理证明，请求保险公司先行赔付。

（2）如果保险车辆的事故属单方发生，在及时报案并经承保公司现场查勘后，在办理索赔时被保险人可不必提供事故证明。

（3）如果保险车辆被盗，被保险人应办理被盗车辆的封档手续。查找60天无下落，向承保公司索赔。封档手续如下：被保险人持案发地派出所证明到车管所领取封档表，持表到派出所、所属分局刑警队、公安局主管处室分别盖章，然后送车管所封档签章。

（4）保险索赔必须在索赔时效内提出，超过时效，被保险人或受益人不向保险人提出索赔，不提供必要单证表所列单证和不领取保险金，视为放弃权利。机动车辆保险的索赔时效为2年，索赔时效应从被保险人或受益人知道保险事故发生之日算起。

四、汽车投保应注意的问题

1. 不要重复投保

有些投保人自以为多投几份保，就可以使被保车辆多几份赔偿。按照《保险法》第四十条规定："重复保险的车辆各保险人的赔偿金额的总和不得超过保险价值。"因此，即使投保人重复投保，也不会得到超价值赔款。

2. 不要超额投保或不足额投保

有些车主，明明车辆价值10万元，却投保了15万元的保险，认为多花钱就能多赔付。而有的车价值20万元，却投保了10万元。这两种投保都不能得到有效的保障。依据《保险法》第三十九条规定：保险金额不得超过保险价值，超过保险价值的，超过的部分无效。保险金额低于保险价值的，除合同另有约定外，保险人按照保险金额与保险价值的比例承担赔偿责任。所以，超额投保、不足额投保都不能获得额外的利益。

3. 保险要周全

有些车主为了节省保费，想少保几种险，或者只保车损险不保第三者责任险，或者只保主险不保附加险等。其实各险种都有各自的保险责任，假如车辆真的出事，保险公司只能依据当初订立的保险合同承担保险责任给予赔付，而车主的其他一些损失有可能就得不到赔偿。

4. 及时续保

有些车主在保险合同到期后不能及时续保，但天有不测风云，人有旦夕祸福，万一车辆就在这几天出了事故，岂不是悔之晚矣。这方面的实例非常多。

5. 要认真审阅保险单证

当你接到保险单证时，一定要认真核对，看看单据第三联是否采用了白色无碳复写纸印刷并加印浅褐色防伪底纹，其左上角是否印有"中国保险监督管理委员会监制"字样，右上角是否印有"限在××省（市、自治区）销售"的字样，如果没有可拒绝签单。

6. 注意审核代理人真伪

投保时要选择国家批准的保险公司所属机构投保，而不能只图省事随便找一家保险代理机构投保，更不能被所谓的"高返还"引诱，只求小利而上假代理人的当。

7. 核对保单

办理完保险手续拿到保单正本后，要及时核对保单上所列项目如车牌号、发动机号等，如有错漏，要立即提出更正。

8. 随车携带保险卡

保险卡应随车携带，如果发生事故，要立即通知保险公司并向交通管理部门报案。

9. 提前续保

记住保险的截止日期，提前办理续保。

10. 注意莫生"骗赔"伎俩

有极少数人，总想把保险当成发财的捷径，如有的先出险后投保，有的人为地制造出险事故，有的伪造、涂改、添加修车、医疗等发票和证明，这些都属于骗赔的范围，是触犯法律的行为。因此，各位车主在这些问题上千万不要耍"小聪明"。

11. 车险中对第三方的界定，应排除家人在外

保险公司的除外责任中有这样一条规定："被保险人或其允许的驾驶员以及他们的家庭成员的人身伤亡及其所有或保管的财产的损失，汽车发生事故时的驾驶员及其家庭成员、被保险人的家庭成员是不算在第三方范围内的。"汽车保险条款规定是为了防范被保险人为了获取保险金而对家庭成员进行故意伤害。

任务二 事故车辆服务流程

一、车辆保险理赔程序

车辆发生保险事故后，要立即保护现场，抢救伤员和财产，保留相关证据；立即向公安机关交通管理部门报案。电话通知保险公司报案（车辆保险卡上有保险公司的报案电

话), 48 h 内携带保险单正本、驾驶证、行驶证、被保险人的身份证到保险公司正式报案。不同保险公司在理赔程序上会有所不同,但理赔的基本步骤大部分还是相同的,基本流程包括:报案、查勘定损、索赔资料提供、核赔、赔付结案等步骤,如图 5-1 所示。

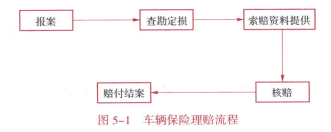

图 5-1 车辆保险理赔流程

(一) 报案

(1) 出险后,客户向保险公司理赔部门报案。

(2) 内勤接报案后,要求客户将出险情况立即填写到业务出险登记表(电话、传真等报案由内勤代填)。

(3) 内勤根据客户提供的保险凭证或保险单号立即查阅保单副本并抄单以及复印保单、保单副本和附表。查阅保费收费情况并由财务人员在保费收据(业务及统计联)复印件上确认签章(特约付款须附上协议书或约定)。

(4) 确认保险标的在保险有效期限内或出险前特约交费,要求客户填写出险立案查询表,予以立案(如电话、传真等报案,由检验人员负责要求客户填写),并按报案顺序编写立案号。

(5) 发放索赔单证。经立案后向被保险人发放有关索赔单证,并告知索赔手续和方法(电话、传真等报案,由检验人员负责)。

(6) 通知检验人员,报告损失情况及出险地点。

以上工作在半个工作日内完成。

保险车辆发生道路保险事故后,应立即向事故发生地交通管理部门报案,同时拨打保险公司报案电话。保险车辆发生非道路(如小区等)保险事故后应向公安管理部门报案,并及时(48 h 内)向保险公司报案。

保险车辆若发生涉及人伤的保险事故,应及时抢救伤者,向医疗部门报案,及时向保险公司报案并向医疗核损部门咨询。

保险车辆若发生盗抢事故,应立即向当地公安部门报案(不可抗力因素除外),同时向保险公司报案,之后还应配合保险公司理赔人员做笔录及现场勘查;到报社办理登报声明;到养路费稽核处办理停驶手续;公安机关侦察。3 个月内被盗车辆找回,保险公司赔付因盗抢引起的修理费用;3 个月后车还未找回就到保险公司办理权益转让书,向保险公司提交索赔手续,办理理赔。

以下两点要注意：

（1）所有报案一定要在事故发生的 48 h 内，否则保险公司可拒绝理赔。

（2）报案时可向保险公司服务人员进行后续理赔步骤咨询，记录下报案编号和相关人员的工号很重要。

道路交通事故认定书如图 5-2 所示。机动车辆保险索赔申请书如图 5-3 所示。

（此处印制公安机关交通管理部门名称）

道路交通事故认定书（简易程序）

第　　　号

事故时间	年　月　日　时　分		天气	
事故地点				
当事人		驾驶证或身份证号码		联系电话	
交通方式		机动车型号、牌号		保险凭证号	
当事人		驾驶证或身份证号码		联系电话	
交通方式		机动车型号、牌号		保险凭证号	
当事人		驾驶证或身份证号码		联系电话	
交通方式		机动车型号、牌号		保险凭证号	

交通事故事实及责任

事故责任认定栏

当事人＿＿＿＿、＿＿＿＿、＿＿＿＿　　　（印章）

交通警察＿＿＿＿　　　　　　　　　　年　月　日

损害赔偿调解结果

损害赔偿调解栏

当事人＿＿＿＿、＿＿＿＿、＿＿＿＿　　　（印章）

交通警察＿＿＿＿　　　　　　　　　　年　月　日

有下列情形之一或者调解未达成协议及调解生效后当事人不履行的，当事人可以向人民法院提起民事诉讼：（一）当事人对交通事故认定有异议的；（二）当事人拒绝签名的；（三）当事人不同意由交通警察调解的。

注：此文书存档一份，交付各方当事人各一份。可使用无碳复写纸制作。

图 5-2　道路交通事故认定书

图 5-3　机动车辆保险索赔申请书

（二）查勘定损

（1）检验人员在接保险公司内勤通知后 1 个工作日内完成现场查勘和检验工作（受损标的在外地的检验，可委托当地保险公司在 3 个工作日内完成）。

（2）要求客户提供有关单证。

（3）指导客户填列有关索赔单证。

为了能够尽快赶到出事地点，保险公司在全国范围内都设有网上定损点，会第一时间赶到现场进行查勘、定损。

（1）需要现场查勘定损的：保险公司会派专业人员迅速赶到现场进行查勘处理。被保险人须会同保险人检验，确定修理项目、方式和费用。

（2）不需要现场查勘定损的：保险事故车辆拖至离事故现场较近的修理厂。如该修理厂是保险公司的远程定损点，可直接对事故车辆定损。不是的，可以联系保险公司派专业人员前去定损。

（3）如果保险公司在限定的时间内没有派定损人员到定损点进行查勘、定损，被保险人可与保险公司商议，申请让驻点的物损评估机构进行定损，保险公司对评估机构的定损应当予以认可，但保险公司对交通事故的真实性有勘验、调查的权利。

（4）当事人对保险公司的财产损失核定不认可的，在车辆未修理之前可申请评估机构进行财产损失核定；当事人对评估机构的定损仍不认可的，可向评估机构的上一级机构要求重新核定；对保险公司的定损或评估机构重新核定均不认可的，可依法申请仲裁或者向人民法院提起诉讼。

保险公司定损人员没有定损的车辆不能自行修理，否则，保险公司有权拒绝赔偿。被保险人可选择将事故车拖到保险公司指定的修理厂的（建议），修理厂要尽快将车辆修理好。同时，修理厂也可以帮助被保险人共同处理理赔方面的问题。

事故车必须按定损项目及定损金额进行修理，若有项目及费用的变动，应事先与保险公司协商。

少数不法修理厂为了自己的利益将客户送修车辆伪造二次事故骗取理赔金。请提高警惕，建议客户去那些资质较佳或保险公司推荐的修理单位进行事故车修理。现场处理时，如果正处于交通中心地带，为了避免影响交通，可以在标记轮胎位置后将车辆移动至空旷地带。当保险公司的勘查员到达现场后，车主可以提出索赔要求，等待勘察。然后，配合保险公司勘察员，判定是否属于保险责任，如果属实将进入下一步。

（三）索赔资料提供

要求被保险人尽快收集必要的索赔单证，10日内向保险公司申请索赔。若被保险人在2年内不提供单证申请索赔，即作为自愿放弃索赔权益。在索赔时，根据事故的性质要求被保险人提交以下有关单证。

1. 基本单证

（1）证明保险标的或当事人身份的原始文件。

（2）保险单或保险凭证的正本，已缴纳保险费的凭证，如账册、收据、发票、装箱单等。

（3）购车发票、车辆附加费凭证和车辆行驶证。

（4）当事人的证件，如身份证、工作证、户口簿、驾驶证复印件等。

（5）证明保险事故的有关文件。

（6）出险通知书、保险事故调查检验报告。

（7）因交通事故造成的损失应提供公安交通管理部门的事故责任认定书、事故调解书或其他证明材料。

（8）因火灾造成的损失应提供公安消防部门的火灾证明。

（9）因全车盗抢造成的损失，应提供公安报案受理表、失窃车辆牌证明登记表、登报寻车启事、盗抢车辆报告表，以及由出险地县级以上公安局出具的60天未破案证明等。

（10）因气象原因造成的损失，则由气象部门提供证明。

2. 保险车辆施救、修理单证

（1）现场及车损照片、各种费用（如施救、保护费用）清单、修理估价等。

（2）汽车维修业专用发票。

（3）定损单、结算清单、修理材料清单。

3. 第三者赔偿费用的有关单证

（1）第三者的赔偿费用清单、第三者财产损失赔款收据和赔款委托书等。

（2）现场照片、财产损失清单和损害鉴定证明。

（3）修车发票。

（4）误工费、护理费、赡养费和抚养费等证明。

（5）医疗费凭证和治疗诊断书。

（6）伤残鉴定书。

（7）事故中死亡者的死亡证明书。

（8）其他证明材料。

4. 签收审核索赔单证

（1）营业部、各保险公司内勤人员审核客户交来的赔案索赔单证。对手续不完备的，向客户说明需补交的单证后退回客户，对单证齐全的赔案，应在"出险报告（索赔）书"一式二联上签收后，将黄色联交还被保险人。

（2）将索赔单证及备存的资料整理后，交产险部核赔科。

5. 理算复核

（1）核赔科经办人接到内勤交来的资料后审核，单证手续齐全的在交接本上签收。

（2）所有赔案必须在3个工作日内理算完毕，交核赔科负责人复核。

（四）核赔

在进行赔款理算之前，保险公司相关工作人员要核对有关的索赔单证资料和发生事故的驾驶员的"机动车驾驶证"及保险车辆"机动车行驶证"的原件和复印件，核对无误后留存复印件。根据被保险人的投保情况计算索赔金额。对被保险人提供的各种必要单证审查无误后，理赔人员根据保险条款的规定，迅速审查核定，对车辆损失险、第三者责任险、附加险、施救费用等分别计算赔款金额，并将核定计算结果及时通知被保险人。保险公司应在与被保险人达成赔偿协议后10日内支付赔款。

（五）赔付结案

保险公司在赔偿时以事实为依据，依照条款按责赔偿。因此，被保险人在处理事故时要实事求是地承担责任，超过应负责的损失保险公司不负责。

（1）交管部门结案后，被保险人可携带出险证明、事故责任认定书、事故调解书、损失技术鉴定书或伤残鉴定书、有关原始单据以及其他证明及材料，到所投保的保险公司办理索赔。

（2）领取赔款时应提供的单证。被保险人领取赔款时，须提供出险登记表、被保险人身份证、公章、取款人身份证，如有疑问，可向理赔人员咨询。

（3）向保险人开具权益转让书。由于车辆保险具有补偿性，被保险人不能在补偿其保险车辆损失的范围以外获取利益，因此在车辆保险的索赔和理赔中适用代位追偿和委付制度。对于涉及第三者赔偿责任的，被保险人应当向保险人开具转移其向第三者索赔权给保险人的书面转让文件，用以证明保险人在向被保险人赔付后享有的向第三者追偿的权利。

此外，在推定车辆保险的保险标的全损的情况下，被保险人也可以向保险人申请委付，但是，被保险人必须出具转移保险标的的一切权利给保险人的书面协议。

（1）确认赔偿金额，领取保险赔款。被保险人提供齐全、有效的索赔单证后，保险公司即根据条款、单证进行赔款理算，然后向被保险人说明赔偿标准和计算依据，若被保险人对赔款没有异议，即可领取赔款。一般情况下，赔款金额经双方确认后，保险公司在10天内一次赔偿结案。赔款收据应填上开户银行账号，盖上财务公章。如为私人车辆，则由被保险人签名，经保险公司审核无误后，凭本人身份证到保险公司领取赔款。

（2）在被保险人领取了保险赔款后，其索赔的保险单是否继续有效，要根据具体情况来处理。对于车辆损失险来说，被保险人领取了全部保险金额赔偿后，其保险单的效力终止。对于第三者责任险保单，因其无责任限额，故在领取了部分保险金额赔偿后，根据保险合同的约定，保险单继续有效，原则上是在保险人赔付后继续有效至保险期限届满。若该类保单规定了累计限额，则在扣除赔款额后的余额范围内继续有效。被保险人在获得赔偿后，可到修理厂按正常交车流程提车、付款。

二、事故车辆服务流程

事故车辆维修服务属于车辆维修服务的重要组成部分，贯穿于整个车辆的使用过程。随着售后业务量增大，对于车辆维修接待服务，很多4S店分成两个业务模块，一个是维修保养接待服务，一个是事故车辆维修服务。事故车辆的维修也分为有保险的事故车辆维修和无保险的事故车辆维修，有保险的事故车辆维修由事故车服务顾问接待服务，在前面课程中已经介绍了索赔和无保险的维修车辆接待服务,本节将重点介绍保险车辆的维修服务。

客户车辆出险后,往往心理较为着急,对车辆维修及保险条例均不十分了解,一方面要求得到比较满意的维修服务,另一方面又要求企业能够做好保险协赔及故障车辆的维修服务工作。事故车辆的维修工作较为复杂,索赔过程中时常伴随着顾客与保险公司的纠纷,因此对事故车辆接待人员的素质要求较高。为方便事故车辆的理赔工作,许多品牌售后服务部都设立事故车维修接待处。同时,聘请熟悉事故车的接待、理赔等各项流程,对事故车的定损、理赔等经验丰富,有较强事故车定损业务拓展能力及客源关系较好的服务顾问担任事故车辆的接待及索赔工作,称为事故车服务顾问。

(一)事故车辆的接待服务流程

事故车辆维修服务的流程和保养车辆服务流程是基本一致的,在前面的单元中已对流程做了详细的介绍,这里只对与之不同之处做介绍。事故车辆服务流程如图5-4所示。

事故车服务流程

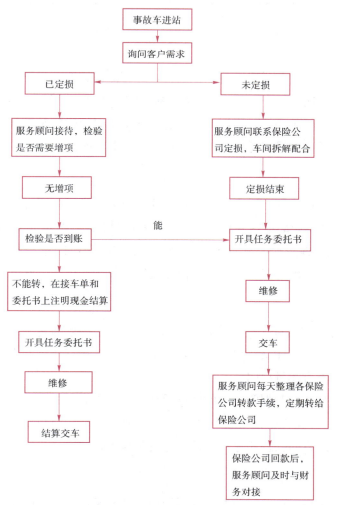

图5-4 事故车辆服务流程

1. 进店接待

事故车进站之后，首先服务顾问自我介绍，递交名片，情感沟通，安慰客户情绪，询问客户需求，为客户套五件套，环车检查，询问事故信息，贵重物品提示。拍摄车辆四角45°清晰照片，后备厢及车内物品照片，并保留（重点钢圈、大顶、底槛、前后杠底边）。介绍受损部位的结构、使用的材料、链接技术、吸能区、油漆等话术要显露专业，增加顾客信任度，为产值最大化、提升满意度做铺垫。

确定事故车辆是否已经进行定损，同时客户应提供保险资料，缕清责任关系。联系保险公司，核实资料。如果已经定损，则可直接进行后续流程；如果没有定损，则联系保险公司进行定损，期间需要车间配合进行车辆拆解，定损结束后进入转账流程。

2. 定损拆解

对于已定损的车辆，服务顾问需要和客户确定是否需要增项，如果无增项，则进入转账流程；如果有增项，则需要由保险专员联系保险公司进行定损，期间需要车间配合进行车辆拆解，定损结束后进入转账流程。

3. 制单

在事故车制单之前，首先需要确定保险公司是否能够转账，如果不能转账，则需要在接车单和委托书上注明为现金结算；如果能转账，则需要开具委托书，同时收集转款手续，若当时不能提供完整转款手续，则需要提醒客户在提车时提供完整转款手续，并在接车单和委托书上注明，其中如果有免赔或客户自费项目也要注明。

4. 维修

上述流程均已完成，即可进行派工维修，应对维修进度进行跟踪，出现追加项目或完工检查有问题时，经过详细检查后立即通知保险公司及客户，告知费用及增加的维修时间，通知保险公司复勘。检查所有项目全部维修完成，检查车辆的维修质量（色差、缝隙），整洁程度，确定费用，确定取车时间。维修完成后，负责人检验后方可结算交车。

5. 交车结账

如果事故车为现金结算，直接结算完成后交车即可；如果为转账结算，在交车时需要收集完整的转款手续，打印结算单，并将转款手续和结算单交于理赔专员，在审核手续完整并确认签字后，方可开具出门证。

理赔专员需要每天整理保险公司的转款手续，制作报表，并定期将转款手续提交保险公司并备案。保险公司回款后，理赔专员应及时与财务进行账目核对，并核销挂账。如果遇到长时间未回款或者回款程序存在异常，应及时与领导沟通。

6. 跟踪回访

事故车维修结束后，应及时与客户沟通回访，在给予适当关怀的情况下，确认本次维修项目中的故障是否全部排除,车辆是否能够正常使用,如果存在问题,应邀请再次进店维修。

事故车客户关怀

(二) 服务顾问注意事项

(1) 确认险种。了解保险车辆是否购买车损险及不计免赔险。

(2) 确定客户是否报案。了解是否已报保险公司现场查勘或直接到维修企业(4S店)再报案。

(3) 参与定损。与保险公司查勘定损员一同确定事故车损失、维修项目、具体金额,必须协商一致参与定损。

(4) 检查证件。收集客户证件资料(驾驶证、行驶证、身份证、保单复印件),作为协赔的单据。

(5) 维修结账。保险车辆维修完毕后,客户直接接车并结算,目前维修金额都不能由维修企业(4S店)代赔维修结账。

(6) 整理理赔档案,维修企业(4S店)保险人员将驾驶证、行驶证、被保险人身份证、保单复印件、发票原件、事故证明、报案表、赔款单等存档。

(7) 残值处理。保险标的在发生保险事故后可回收利用的价值称为残值,通常是指发生保险事故之后,被保险的财产剩下的部分价值,由保险人和被保险人双方协商处理。如归被保险人,保险公司在核定赔款时将残值扣减。如归保险人,则保险公司对被保险人核定赔款后,会委托第三方机构对剩余货物进行处理。事故车维修流程跟踪表如图5-5所示。

步骤	事故车维修流程跟踪表(估价10 000元以上)								
1	车号		装车顾问		进厂日期		预计交车日期		
	安排的维修人员		机修姓名		钣金姓名		喷漆姓名		
2	是否拆解	是□	进行第3步						
		否□	原因				未拆解等待时间	日到期	日
3	开始拆解到交给各件拆解单时间		机修	日到	主修人签字		备注:		
			钣修	日到	主修人签字		备注:		
4	各件报价时间及交车时间给顾问			日到		各件签字	备注:		
5	服务顾问核件、核损、确定定件时间			日到		顾问签字	备注:		
6	各件定件签字			日到		各件签字	备注:		
7	实际到货签字					各件签字	服务顾问签字确认日期:		
8	维修作业时间		机修	日到			备注:		
			钣修	日到			备注:		
			喷漆	日到			备注:		
9	维修人员一次性确定损坏件准确率			未定准数量		准确率			
	各件一次性定件准确率			未定准数量		准确率			
10	车间主任签字		日期:		各件经理签字		顾问签字	日期:	
11	二次拆解及交各件拆解单时间		机修	日到	签字		备注:		
			钣修	日到	签字		备注:		
12	二次各件定件时间			日到	实际到货时间:		各件签字	顾问签字:	
13	二次维修作业时间		机修	日到			备注:		
			钣修	日到			备注:		
			喷漆	日到			备注:		
14	车间主任签字		日期:		各件经理签字		顾问签字	日期:	

注:步骤1、2、5、9为服务顾问填写。步骤3、8、11、13为维修工填写。步骤4、6、7、12为各件填写。步骤10、14为负责人签字栏。

图5-5 事故车维修流程跟踪表(估价10 000元以上)

任务工单

工单 5-1　保险车辆的保险处理与接待

考核项目	保险车辆服务接待流程—接车检查与保险处理				
姓名		学号		班级	
任务要求	● 掌握接待礼仪 ● 掌握问询话术 ● 取得客户费用处置授权				
情景描述	客户：张先生　　　　　联系方式：13123456789 经销商：前进汽车销售服务有限责任公司 进店时间：11月22日下午13∶40 进店原因：张先生于11月22日上午发生追尾的交通事故，经交警认定张先生负全部责任，保险公司经现场查勘定损，给予更换保险杠和大灯总成的认定				
任务计划	人员分工	顾问：		客户：	
任务实施					
自我总结与反思					
自我评价					

工单 5-2 保险车辆的增项处理

考核项目	保险车辆服务接待流程—保险增项处理				
姓名		学号		班级	
任务要求	● 掌握接待保险礼仪 ● 掌握与保险公司沟通增项流程 ● 掌握增项沟通话术				
情景描述	客户：张先生　　　　联系方式：13123456789 经销商：前进汽车销售服务有限责任公司 进店时间：11月22日下午13:40 进店原因：张先生于11月22日上午发生追尾的交通事故，经交警认定张先生负全部责任，保险公司经现场查勘定损，给予更换保险杠和大灯总成的认定 　　在维修检查中，维修技师发现水箱有破损，需要增项				
任务计划	人员分工	顾问：	客户：		
任务实施					
自我总结与反思					
自我评价					

过程性考核评价表如表 5-1 所示。

表 5-1 过程性考核评价表

考核内容		事故车辆售后服务接待流程		
考核情况				
序号	考核项目		表现记录	得分
1	客户车辆来店后，热情迎接问候客户			
2	自我介绍，确认客户姓名，安抚客户情绪，了解客户车辆出险情况			
3	当客户面为车辆铺设三件套（座椅套、方向盘套、脚垫），与客户共同确认车辆外观，提示客户随身携带车内贵重物品			
4	核实客户事故车辆是否定损，是否需要拆解			
5	与客户沟通，请客户提供相关保险资料及事故认定书			
6	告知客户拆解费、结算方式（多数为 4S 店垫付），向客户说明本次预估维修所需费用及作业时间，请客户签字确认			
7	联系保险公司，核实相关资料，并与保险公司确定维修配件数量和价格，以及定损总金额			
8	运用经销商管理系统软件，开具任务委托书和定损单			
9	服务顾问将任务委托书传递到车辆安排作业			
10	如有事故增项产生，先与保险公司联系，再向客户解释增项的原因，以及追加的项目费用和时间，请客户确认签字			
11	更新派工单，并将追加项目及时通知车间完成			
12	车间进行三级检查后，确认车辆完成任务委托书中的全部项目			
13	通知客户取车，并与客户共同确认车辆外观、维修项目完成、车辆整洁情况，取下三件套			
14	引导到业务前台，和客户确认理赔资料，打印结算单，再次对工单和费用做解释说明			
15	陪同客户到财务办理结算手续（如保险垫付，无须此步）			
16	引导客户离店，并礼貌送别客户			
17	客户离店 3 日内电话回访本次服务满意度及车间使用情况			
总体评价				

项目六　客户满意与客户关系管理

 案例导入：

　　2014年年底，刘先生在某品牌4S店购买了一辆高级轿车，2015年5月5日刘先生因车辆2挡挂挡困难到4S店检查，当时并没检查出问题，但回去之后问题越来越严重。5月15日再次到4S店检查，检测出了问题，留车进一步检查，发现是变速箱问题，但4S店只同意维修，不同意更换总成。刘先生非常生气，认为买车一年就出现变速箱故障，因此要求更换变速箱总成。如果不同意，就上消协投诉。

　　面对刘先生的投诉，你会采取什么办法？

任务一　客户满意度管理

一、客户满意与客户满意度

1. 客户满意

客户满意是指一个人通过对一个产品的可感知效果与他的期望值相比较后，所形成的愉悦或失望的感觉状态。亨利·阿塞尔也认为，当商品的实际消费效果达到消费者的预期时，就导致了满意；否则，会导致客户不满意。

从上面的定义可以看出，满意水平是可感知效果和期望值之间的差异函数。如果效果低于期望，客户就会不满意；如果可感知效果与期望匹配，客户就满意；如果可感知效果超过期望，客户就会高度满意。

一般而言，客户满意是客户对企业和员工提供的产品和服务的直接性综合评价，是客户对企业、产品、服务和员工的认可。客户根据他们的价值判断来评价产品和服务，因此，Philip Kotler 认为，"满意是一种人的感觉状态的水平，它来源于对一件产品所设想的绩效或产出与人们的期望所进行的比较"。从企业的角度来说，客户服务的目标并不仅仅止于使客户满意，使客户感到满意只是营销管理的第一步。美国维持化学品公司总裁威廉姆·泰勒认为："我们的兴趣不仅仅在于让客户获得满意感，我们要挖掘那些被客户认为能增进我们之间关系的有价值的东西。"在企业与客户建立长期的伙伴关系的过程中，企业向客户提供超过其期望的"客户价值"，使客户在每一次的购买过程和购后体验中都能获得满意。每一次的满意都会增强客户对企业的信任，从而使企业能够获得长期的盈利与发展。

2. 客户期望

客户期望是指客户希望企业提供的产品或服务能满足其需要的水平，达到了这一期望，客户会感到满意；否则，客户就会不满。

客户期望在客户对产品或服务的认知中起着关键性的作用。客户正是将预期质量与体验质量进行比较，据以对产品或服务质量进行评估，期望与体验是否一致已成为产品或服务质量评估的决定性因素。期望作为比较评估的标准，既反映客户相信会在产品或服务中发生什么预测，也反映客户想要在产品或服务中发生什么（愿望）。

对客户期望进行有效的管理，可以进行以下工作：

（1）确保承诺的实现性。明确的产品或服务承诺（如广告和人员推销）和暗示的产品或服务承诺（如产品或服务设施外观、产品或服务价格），都是企业可以控制的，对之进行管理是管理期望的直接的可靠的方法。企业应集中精力于基本服务项目，通过切实可行的努力和措施，确保对客户所作的承诺能够反映真实的服务水平，保证承诺完满兑现。过分的承诺难以兑现，将会失去客户的信任，破坏客户的容忍度，对企业是不利的。

（2）重视产品或服务的可靠性。在客户对服务质量进行评估的多项标准中，可靠性无疑是最为重要的。提高服务可靠性能带来较高的现有客户保持率，增加积极的客户口碑，减少招揽新客户的压力和再次服务的开支。可靠服务有助于减少优质服务重现的需要，从而合理限制客户期望。

（3）坚持沟通的经常性。经常与客户进行沟通，理解他们的期望，对服务加以说明，或是对客户光临表示感激，更多地获得客户的谅解。通过与客户经常对话，加强与客户的联系，可以在问题发生时处于相对主动的地位。企业积极地发起沟通以及对客户发起的沟通表示关切，都传达了和谐、合作的愿望，而这又是客户经常希望而又很少得到的。有效的沟通有助于在出现服务失误时，减少或消除客户的失望，从而树立客户对企业的信心和理解。

服务顾问在接车过程中，应发掘是否有不正常现象或潜在的问题点。根据正确的诊断，确保必要的维修。想了解交修项目，检查修理结果，提供技术的咨询，依施工单上的作业指示来作业，于预定的时间内完成工作。尽可能于最短时间内实施完毕，费用尽可能便宜。

客户维修期望如下：

（1）在经销商维修车辆时，应方便、快捷、迅速确定维修预约。预约应安排在对客户较方便的日期和时间。

（2）当车辆留在经销商处维修时，能为客户安排方便的交通工具。例如能否提供代步车？能否为客户提供出租车电话号码，为客户叫出租车？

（3）维修接待员应表现出对客户维修需要的应有关注。到达经销商时，立即得到接待。表现出了解客户的维修需要。在开始维修工作前，与客户一起检查车辆（互动预检车辆）。在开始维修之前，能提供精确的预计维修费用。提供精确的预计维修完成时间。对待客户应诚实真挚。

（4）第一次即维修好（一次修复率）。

（5）按时并以专业化的方式完成车辆维修。在一个合理的时间内，维修好车辆。通知客户有关维修项目的任何变更或额外的必要维修保养。通知客户有关车辆维修完成时间的变更和费用的变更。按照承诺的时间修理好车辆，使客户在较方便的时间取车。在维修过程中，保持车辆的清洁。

（6）就所维修的项目进行清晰详尽的说明。向客户说明实施的全体维修项目和费用。向客户提供车辆将来所需的维修保养建议。

（7）在维修后的一个合理时间内，打电话询问客户是否对维修结果完全满意。在一个合理的时间内，给客户打电话，愿意随时为客户提供帮助。

（8）对出现的问题或客户所关注的事项做出迅速反应。

客户就有关事项与其第一时间联系时，立即做出答复或解决其所关注的问题。向客户提供清晰有益的建议。严格履行对客户所做的承诺。

3. 客户满意的影响因素

真正的客户服务满意度，是客户个人对于服务的需求和自己以往享受服务的经历，再加上自己周围的对于某个企业服务的口碑，共同构成了客户对于服务的期望值。

衡量客户服务质量的五个要素：可靠性、响应性、保证性、移情性、有形性。

（1）可靠性。可靠性是可靠地、准确地履行服务承诺的能力。可靠的服务行为是客户所期望的，它意味着服务以相同的方式、无差错地准时完成。可靠性实际上是要求企业避免在服务过程中出现差错，因为差错给企业带来的不仅是直接意义上的经济损失，而且可能意味着失去很多潜在的客户。

（2）响应性。响应性是指帮助客户并迅速有效提供服务的愿望。让客户等待，特别是无原因的等待，会对质量感知造成不必要的消极影响。出现服务失败时，迅速解决问题会给质量感知带来积极的影响。对于客户的各种要求，企业能否给予及时的满足将表明企业的服务导向，即是否把客户的利益放在第一位。同时，服务传递的效率还从侧面反映了企业的服务质量。研究表明，在服务传递过程中，客户等候服务的时间是一个关系到客户的感觉、客户印象、服务企业形象及客户满意度的重要因素。因此，尽量缩短客户等候时间，提高服务传递效率，将大大提高企业的服务质量。

（3）保证性。保证性是指员工所具有的知识、礼节及表达出自信和可信的能力。它能增强客户对企业服务质量的信心和安全感。当客户同一位友好、和善并且学识渊博的服务人员打交道时，他会认为自己找对了公司，从而获得信心和安全感。友善的态度和胜任能力两者是缺一不可的。保证性包括如下特征：完成服务的能力、对客户的礼貌和尊敬、与客户有效的沟通、将客户最关心的事放在心上的态度。

（4）移情性。移情性是设身处地地为客户着想和对客户给予特别的关注。移情性有以下特点：接近客户的能力、敏感性和有效地理解客户需求。

（5）有形性。有形性是指有形的设施、设备、人员和沟通材料等。有形的环境是服务人员对客户更细致的照顾和关心的有形表现。对这方面的评价可延伸到包括其他正在接受服务的客户的行动。

客户满意是一个客户通过对一个产品可感知的效果（或结果）与其所期望值相比后，所形成的愉悦或失望的感觉状态。客户的满意或者不满意的感觉及程度受到以下四个方面因素的影响。

（1）产品和服务的让渡价值。客户对产品或服务的满意会受到产品或服务的让渡价值高低的重大影响。如果客户得到的让渡价值高于他的期望值，他就倾向于满意，差额越大越满意；反之，如果客户得到的让渡价值低于他的期望值，他就倾向于不满意，差额越大就越不满意。

（2）客户的情感。客户的情感可以影响其对产品和服务满意的感知。这些情感可能是稳定的、事先存在的，比如情绪状态和对生活的态度等。非常愉快的时刻、健康的身心和积极的思考方式，都会对所体验到服务的感觉有正面的影响。反之，当客户正处在一种恶劣和情绪中时，消沉的情感将被他带入对服务的反应，并导致他对任何小的问题都不放过或感觉失望。服务过程本身引起的一些特定情感也会影响客户对服务的满意。例如，中高档轿车的销售过程中，客户在看车、试车和与销售代表沟通过程中所表现出来对事业成功、较高的地位或是较好的生活水平的满足感，是一种正向的情感。这种正向情感是销售成功的润滑剂。从让渡价值的角度来看，这类消费者对形象价值的认定水平比一般消费者要高出许多，才会有这样的结果。

（3）对服务成功或失败的归因。归因是指一个事件感觉上的原因。当客户被一种结果（服务比预期好得太多或坏得太多）震惊时，他们总是试图寻找原因，而他们对原因的评定能够影响其满意度。

例如，一辆车虽然修复，但是没有能在消费者期望的时间内修好，客户认为的原因是什么（这有时和实际的原因是不一致的）将会影响到他的满意度。如果客户认为原因是维修站没有尽力，因为这笔生意赚钱不多，那么他就会不满意甚至很不满意；如果客户认为原因是自己没有将车况描述清楚，而且新车配件确实紧张，那么他的不满程度就会轻一些，甚至认为维修站是完全可以被原谅的。相反，对于一次超乎想象的好的服务，如果客户将原因归为"维修站的分内事"或"现在的服务质量普遍提高了"，那么这项好服务并不会对提升这位客户的满意度有什么贡献；如果客户将原因归为"他们因为特别重视我才这样做的"或是"这个品牌是因为特别讲究与客户的感情才这样做的"，那么这项好服务将大大提升客户对维修站的满意度，进而将这种高度满意扩张到对品牌的信任。

（4）对平等的感知。客户的满意还会受到对平等或公正的感知的影响。客户会问自己：我与其他的顾客相比是不是被平等对待了？别的顾客得到比我更好的待遇、更合理的价格、更优质的服务了吗？我为这项服务或产品花的钱合理吗？以我所花费的金钱和精力，我所得到的比人家多还是少？公正的感觉是消费者对产品和服务满意感知的中心。

4. 客户满意度级度

客户满意级度指客户在消费相应的产品或服务之后，所产生的满足状态等次。

前面所述，客户满意度是一种心理状态，是一种自我体验。对这种心理状态也要进行界定，否则就无法对客户满意度进行评价。心理学家认为情感体验可以按梯级理论划分若干层次，相应地可以把客户满意程度分成七个级度或五个级度。

七个级度：很不满意、不满意、不太满意、一般、较满意、满意和很满意。

五个级度：很不满意、不满意、一般、满意和很满意。

管理专家根据心理学的梯级理论对七梯级给出了如下参考指标：

（1）很不满意。

指征：愤慨、恼怒、投诉、反宣传。

分述：很不满意状态是指客户在消费了某种商品或服务之后感到愤慨、恼羞成怒、难以容忍，不仅企图找机会投诉，而且还会利用一切机会进行反宣传以发泄心中的不快。

（2）不满意。

指征：气愤、烦恼。

分述：不满意状态是指客户在购买或消费某种商品或服务后所产生的气愤、烦恼状态。在这种状态下，顾客尚可勉强忍受，希望通过一定方式进行弥补，在适当的时候，也会进行反宣传，提醒自己的亲朋不要去购买同样的商品或服务。

（3）不太满意。

指征：抱怨、遗憾。

分述：不太满意状态是指客户在购买或消费某种商品或服务后所产生的抱怨、遗憾状态。在这种状态下，客户虽心存不满，但想到现实就这个样子，别要求过高吧，于是认了。

（4）一般。

指征：无明显正、负情绪。

分述：一般状态是指客户在消费某种商品或服务过程中所形成的没有明显情绪的状态。也就是对此既说不上好，也说不上差，还算过得去。

（5）较满意。

指征：好感、肯定、赞许。

分述：较满意状态是指客户在消费某种商品或服务时所形成的好感、肯定和赞许状态。在这种状态下，客户内心还算满意，但按更高要求还差之甚远，而与一些更差的情况相比，又令人安慰。

（6）满意。

指征：称心、赞扬、愉快。

分述：满意状态是指客户在消费了某种商品或服务时产生的称心、赞扬和愉快状态。在这种状态下，客户不仅对自己的选择予以肯定，还会乐于向亲朋推荐，自己的期望与现实基本相符，找不出大的遗憾所在。

（7）很满意。

指征：激动、满足、感谢。

分述：很满意状态是指客户在消费某种商品或服务之后形成的激动、满足、感谢状态。在这种状态下，客户的期望不仅完全达到，没有任何遗憾，而且可能大大超出了自己的期望。这时客户不仅为自己的选择而自豪，还会利用一切机会向亲朋宣传、介绍、推荐，希望他人都来消费。

五个级度的参考指标类同客户满意级度，但界定是相对的，因为满意虽有层次之分，但毕竟界限模糊，从一个层次到另一个层次并没有明显的界限。之所以进行客户满意级度的划分，目的是供企业进行客户满意程度的评价之用。

5. 客户不满意原因分析

客户体验超出客户预期，客户就会满意；低于客户预期，客户就会不满意。

具体原因有以下几点：

（1）商品质量问题。

（2）售后服务维修质量，如返修率。

（3）客户服务人员工作的失误。

（4）店员及其他工作人员服务态度和质量问题。

（5）客户对企业经营方式的不认同，如配件价格、渠道。

（6）客户对企业的要求超出企业对自身的要求。

（7）客户对企业服务的衡量尺度与企业自身不同。

（8）客户由于自身素养或个性原因，提出对企业过高的要求无法得到满足。

二、客户满意度管理

1. 客户满意度管理的概述

客户满意度管理（Customer Satisfaction Management，CSM）是以客户满意为核心的管理和经营方式，是 20 世纪 80 年代中期至 20 世纪 90 年代兴起的新型管理方式。

客户满意度管理是现代市场竞争和信息时代的管理理念、管理战略和管理方式的综合，是现代市场经济体制下组织管理的基本模式。它以客户满意为关注焦点，统筹组织资源和运作，依靠信息技术，借助客户满意度测量分析与评价，不断改进和创新，提高客户满意度，增强竞争能力，是一种寻求组织长期成功的、集成化的管理模式。

经济全球化和社会信息化，使得现代企业管理面临来自客户、竞争和变化三个方面的挑战。企业急需一种能够应付千变万化的市场、长期发挥效益的经营管理思想和管理战略，需要建立智能化的、适应性管理系统的运行机制，需要一种综合的、集成化的管理解决方案。

世界呈"指数倍变化"，唯一不变的是企业必须适应客户需求的变化。现代市场竞争，归根结底是对客户的竞争。"关注客户，让客户完全满意"已成为企业在竞争中取胜的关键。现代信息技术的发展，为组织信息转化与知识共享提供了有效的支持平台，为组织了解客户、测量客户满意度、与客户建立密切的联系提供了强有力的支持。

1）客户满意度管理的基本特征：

（1）CSM 是现代市场经济条件下最基本的管理方式。

首先，市场经济中，最基本的关系是"供"与"需"之间的关系。这种关系无论表现为实物的交换、服务的传递，还是本质上的价值让渡，其实现的前提和绩效评价，最终都是通过"客户"满意来衡量的；客户满意是组织成功的标志。这种关系不仅适用于接受组织产品的外部客户，而且适用于上下道工序之间形成的内部客户，适用于公共机构服务与被服务的关系。这种管理模式在全社会范围内运行，将真正形成一种理想的社会运行机制。

其次，从管理的目的看，企业管理存在的意义在于服务于经营的目的，在于实现组织运行的目标。CSM 这种基于组织终极目的的管理模式把经营与管理真正有机地结合起来，体现了管理的真正意义和价值。

（2）CSM是现代市场竞争环境和信息时代最优化的组织管理模式。

它与传统的、以利润最大化为目标、以企业为中心的管理方式不同，其核心理念是共同创造价值。CSM把企业、产品、客户、既得利益者和社会看作系统整体的组成部分。它以客户为关注焦点，以文化转型为基础，将持续改进与创新作为管理哲学，依赖于现代信息技术的支持和满意度测量分析工具和方法。它将各种管理资源有效地集成与优化，将组织的运作与社会经济、技术环境统一起来，与决定企业命运的客户形成利益共同体。

（3）CSM是管理理论发展的新成果，是管理实践的新选择。

在管理实践中，客户导向、市场导向、关注客户的管理思想和方式方法是逐步形成的。在新型价值观念和管理思想的推动下，出现了许多优秀的管理范式，包含了客户满意导向管理的核心理念，体现和验证了CSM的运行机制。如：

①优秀业绩范式。以美国国家质量奖、欧洲质量奖、日本国家经营管理质量奖为代表的"优秀业绩标准"，以及在世界范围内广泛应用的ISO 9000族质量管理体系标准，均是以客户为中心、提高经济活力和竞争能力的管理范式。

②全面质量管理（TQM）。20世纪90年代以来在各国优秀企业中广泛实施的TQM与传统的Taylor模式相比，其重要的变革之一就是以客户为关注焦点，强调质量改进并要求高层管理者致力于持续改进。TQM是一种客户满意导向的、以提升质量为目标的管理范式；CSM是TQM在新的社会、经济、技术条件下的发展和深化。

③客户满意经营实施与推进范式。在世界范围内，系统地开展以客户满意为导向的经营管理，包括实施客户满意战略、客户满意服务、客户满意经营等，经历了十余年的历史，出现了许多优秀的实践者。

2）顾客满意管理的系统模型

CSM系统的总体框架，如图6-1所示。

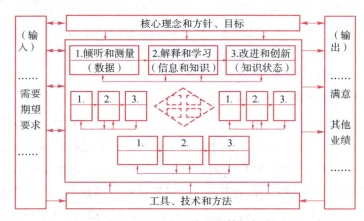

图6-1　CSM系统的总体框架

CSM系统作为一个复杂的、开放的智能系统，处于竞争激烈和信息技术高度发达的市场经济环境。其目标是通过组织运作，向市场提供产品和服务，实现顾客满意，提高整体业绩，创造长期战略价值。它在一般意义的组织要素基础上，特别强调人、信息和内部环境。

该系统基本的运行模式是感知—反应（Sense-Respond），即倾听和测量—解释和学习—改进和创新。这个过程保证组织输出客户满意的产品和服务。系统要素和资源的相互关系形成CSM组织结构；运行过程、过程与支持工具的相互关系形成特定的运行机制。控制CSM系统运行的程序是一个多层次的复合结构，包括核心理念、基本运行过程和结构、运行机制、支持工具、技术和方法。其中：

CSM的核心理念是指引组织运行的以客户满意为导向的价值观念、管理指导思想、管理原则的综合体。它是一个理念体系，并与组织文化一起发挥作用，随着CSM理论与实践的不断发展而发展。主要包括客户驱动、领导承诺、组织和个人学习、为雇员与合作伙伴增加价值、敏捷、关注未来、改进和创新、基于事实的管理、系统观点、共同创造价值、社会责任等。

CSM有其客观过程，各个子系统形成一定的结构，实现管理的目的。如图6-1所示，组织的具体运作过程，是由多个基本过程组成的过程网络；各个具体过程的差别在于过程承担者、信息处理内容和工作程序的差别，其运行机制和协调方式是相同的。

CSM的支持工具、技术和方法，是实现管理目的的途径。典型的有客户满意度测量分析技术、团队管理技术、智能管理信息系统、客户关系管理系统、质量功能展开（QFD）、6σ方法、水平标杆法等。

2. 提升客户满意度策略

首先，提升售后服务质量是经销商提升售后服务水平的核心。车主从购车到车辆报废这一漫长的拥车期，从经销商的角度来看，蕴含着丰富的商机。随着中国汽车市场的日益成熟，销售环节在经销商利润构成中的比例日趋下降，售后服务的竞争开始成为重头戏，这就最先表现为服务质量的正面交锋。汽车产品质量展示的是生产商的硬实力，对经销商来说，无形却又无处不在的售后服务质量则是经销商实力的具体显现。在此，经销商可以主要从三个方面入手：一是培养一支高素质的专业售后服务人员，比如服务顾问不应当仅仅是有礼貌的"速记员"，而是在培训和工作中逐渐成长为经常下车间的汽车售后专业人士，能够对客户用车过程中的困扰提供建议，能够为车辆问题提供初步的诊断；二是定期举办服务维修技能大赛，辅以相应奖励，调动员工自我能力提升的积极性；三是改善维修站环境，更新和完善维修设备，营造和突出维修服务的专业性氛围，也能切实为维修工作提供便利的条件。

其次，调整售后服务价格，一定程度上让利客户是提升售后服务水平的保障。授权经销商的维修方面的专业性让客户对他们有着更为深厚的信赖，但是经销商的收费又留给了客户一种相对高昂的印象。尤其是在主流车市场，价格对车主来说是一个比较敏感的考虑因素。因此，如果车辆的问题不是很严重，车主往往会选择就近寻找价格更有说服力的维修站点，这就造成了销售点的客户流失。在价格策略方面，适当地降价是一个可以选择的方向，规范化和透明化则是另一个经销商可以发力的方向。J. D. Power的报告所显示的客户的实际花费和一般性价格认知之间的偏差，也说明了售后服务价格透明化的必要性。商品需要明码标价，有偿性的服务同样需要列出一个明晰的费用详细单，让消费者在售后服务选择上有更多的自主选择权，明确了解自己究竟把钱都花在什么地方了。

最后，打造售后服务品牌形象是经销商售后服务水平提升的战略追求。提升客户的满意度和忠诚度，重要的是实现经销商售后服务的可持续性。以服务质量和服务价格为依托，树立品牌意识，打造售后服务的品牌形象就是经销商的一个可持续发展战略。

案例分享：

东风雪铁龙中国售后服务满意度的提升。

正像《真心英雄》所唱到的那样：把握生命里的每一分钟/全力以赴我们心中的梦/不经历风雨怎么见彩虹/没有人能随随便便成功！雪铁龙品牌创始人安德烈·雪铁龙先生就留给世人一句经典格言："汽车厂商卖的不仅仅是汽车，还有无微不至的服务。"延续百年传承，东风雪铁龙不断深化和创新服务方式。2015年、2016年中国售后服务满意度的折桂，验证了东风雪铁龙24年来的不懈努力。

中国有句古话：一诺千金。为将客户承诺真正落到实处并产生立竿见影的效果，助力"舒适、时尚、科技"的品牌优势广泛传播，东风雪铁龙持续贯彻"主动关怀、全程关怀、诚挚关怀、专业关怀、紧急关怀、温馨关怀和全面关怀"七项服务承诺，最终要达成100%客户满意这一苛刻目标。

在服务的道路上没有捷径可走，只有矢志不渝者才有可能到达顶峰。

在登顶的过程中，东风雪铁龙的步履坚定而稳健：2004年率先导入推出全球同步的九大售后服务标准流程，与客户的车辆维保流程相融合，围绕客户及车辆的问题，全面解决客户需求；2008年在商务领域提出精益化管理，通过5S、目视板、作业指导书、演练审核工具的建立及应用，使经销商的现场环境、人员意识、管理水平得到切实的提高，从而有效促进经销商客户满意度和业绩提升；2010年启动"领奖台计划"，通过标准作业指导书的情景演练，来使服务人员更快地学习和掌握标准流程，提升服务水平；2013年开始推行"一对一"尊享服务工程，率先实现服务顾问与客户的"一对一"服务。为了确保网点的执行力，最终实现"一对一"尊享服务工程的效果，东风雪铁龙制订了分阶段、分车型、分项目的实施计划，同时深入一线和网点一起摸索经验，寻找办法，在网点中树立样板和榜样，从而带动整个网络的发展。

2013年，东风雪铁龙正式对外公布了2013—2015年中期发展规划——"龙腾C计划"。按照规划，东风雪铁龙将从品牌定位、产品技术、客户承诺三个方面加速提升。在客户承诺方面，重点是全面贯彻实施"家一样的关怀"服务理念。

矢志不渝的追求终于换来全国 230 万消费者的认同，即 2014 年中国销售满意度研究 SM（SSI）名列主流品牌并列第一后，东风雪铁龙又跃居 2015 年、2016 年中国售后服务满意度研究 SM（CSI）榜首。

在汽车"后市场"时代，各大车企无一不把售后服务视为生存与发展的"生命线"。此时比拼的不光是谋略、胆识与毅力，更重要的是细节，所谓"细节决定成败"。东风雪铁龙根据对定制调研报告及行业联合调研报告的分析，并结合内部相关质量数据的分析，分门别类进行了服务质量的持续改善和升级。2015 年，围绕服务提升专项行动、经销商设施改善、客户关系管理提升和新车质量专项行动四大方向开展专项提升方案，涵盖了新车服务质量培训、服务弱项对标改善、特定客户关怀活动、不满意客户转化、服务质量检核、神秘客户调查、服务质量弱势区域提升、经销商服务设施调研和提升、网点服务能力提升、CSI 团队激励以及客户关爱总监能力提升 11 个子项。

此外，通过超过 100 万次的服务提醒，指导、推进网点开展售后不满意分析周例会和售时售后月度服务质量例会，以及服务质量提升六步法的推广和辅导等一系列行动来保障客户的优质服务体验。

迎合互联网时代需求，东风雪铁龙又建立了服务数字化平台，包括服务顾问手持终端——服务宝，通过对车辆施工一目了然的透明车间系统，具有客户分析功能的 DMS 系统，以及客户服务终端 App，来满足客户的多样化需求。

无限风光在险峰。秉承"家一样的关怀"服务理念，东风雪铁龙将不断完善、不断创新用户服务体系，把对每一位用户服务的每一个细节做到极致，致力为中国消费者带来更舒适、更便捷、更愉悦的全景汽车生活。

奥迪连续四年蝉联售后服务满意度冠军。

J. D. Power 2016 年中国售后服务满意度指数研究（CSI）报告新鲜出炉，一汽大众奥迪再次拔得豪华车市场头筹，以 19 次冠军的成绩当之无愧地成为中国豪华车市场摘得冠军总数最多的品牌。

2016 年中国售后服务满意度研究 SM（CSI）中，一汽大众奥迪获得了 815 分的高分，高出豪华车市场平均分 73 分，并以超好的优势领先第二名 79 分。同时，一汽大众奥迪也成了本次研究中仅有的获得 J. D. Power 五星评级 TM 的豪华车品牌。在 2016 年 6 月底公布的中国汽车销售满意度研究 SM（SSI）中，一汽大众奥迪以 751 分的高分获得豪华车市场冠军，此次蝉联 2016 年中国售后服务满意度研究 SM（CSI）冠军，也让一汽大众奥迪连续 4 年成为豪华车细分市场销售和服务满意度的双料冠军。

能持续获得这项历史悠久、评测全面的行业内最具专业性和权威性研究的肯定，是一汽大众奥迪售后服务厚积薄发的必然结果。

自 2014 年至今，奥迪服务在准确把握市场形势、洞察用户需求及经销商诉求的基础上，在行业内率先发力，制定了全新奥迪服务战略，致力于"打造可持续发展的服务能力，突破传统服务管理理念，聚焦用户忠诚度，实现全渠道数字化的服务流程"这四个方向的深耕,落实"人、车、社会、生活"相结合的服务营销理念,并在全新服务战略的指导下,打造了引领行业的奥迪"温暖服务项目",力求从暖车、暖人、暖心三个维度全面升级用户服务体验。

2016年是奥迪全新服务战略践行的发轫之年,奥迪售后服务蝉联 J. D. Power 冠军,是全新服务战略践行的硕果,是奥迪服务领域又一里程碑。

任务二　客户投诉及服务补救

一、客户投诉及服务补救的概述

所谓客户投诉,是指客户对企业产品质量或服务上的不满意,而提出的书面或口头上的异议、抗议、索赔和要求解决问题等行为。

客户投诉是每一个企业皆会遇到的问题,它是客户对企业管理和服务不满的表达方式,也是企业有价值的信息来源,它为企业创造了许多机会。因此,如何利用处理客户投诉的时机而赢得客户的信任,把客户的不满转化客户满意,锁定他们对企业和产品的忠诚,获得竞争优势,已成为企业营销实践的重要内容之一。

(一) 客户投诉原因

1. 企业自身的原因

1)产品质量无法满足顾客

良好的产品质量是塑造客户满意度的直接因素,对于服务这种无形产品也是这样。对于服务的质量评估不但贯穿了客户从进入到走出服务系统的全部经历过程,还会延伸到客户对服务所产生的物质实据的使用过程中。如一个顾客在超市选购商品,一方面,能不能在超市中以合适的价格顺利地买到质量合格的商品是决定顾客是否满意的主要判断标准;另一方面,即使商品的质量没有问题,但如果在使用的过程中,顾客发现使用该商品得到的效果并不是像他自己想象的那样,他也会对整个超市的服务产生不满,进而产生抱怨。

2)服务无法达到客户的要求

服务是一种经历,在服务系统中的客户满意与不满意,往往取决于某一个接触的瞬间。如服务人员对客户的询问不理会或回答语气不耐烦、敷衍、出言不逊;结算错误;让客户等待时间过长;公共环境卫生状态不佳;安全管理不当,店内音响声音过大;对服务制度如营业时间、商品退调、售后服务以及各种惩罚规则等,都是造成客户不满、产生抱怨的原因。

3)对客户期望值管理失误

服务企业对客户期望值管理失误导致客户对于产品或服务的期望值过高。在一般情况下，当客户的期望值越大时，购买产品的欲望相对就越大。但是当客户的期望值过高时，就会使得客户的满意度越小；客户的期望值越低时，客户的满意度相对就越大。因此，企业应该适度地管理客户的期望。当期望管理失误时，就容易导致客户产生抱怨。

2. 客户的原因

1）弥补损失

客户往往出于两种动机提出投诉，一是为了获得财务赔偿：退款或者免费再次获得该产品及服务作为补偿；二是挽回自尊：当客户遭遇不满意产品、服务时，不仅承受的是金钱损失，还经常伴随遭遇不公平对待，对自尊心、自信心造成伤害。

2）性格的差异

不同类型客户对待"不满意"的态度不尽相同，理智型的客户遇到不满意的事，不吵不闹，但会据理相争，寸步不让；急躁型的客户遇到不满意的事必投诉且大吵大闹，不怕把事情搞大，最难对付；忧郁型的客户遇到不顺心的事，可能无声离去，绝不投诉，但永远不会再来。

3. 环境因素

环境因素是指客户与企业所不能控制的，在短期内难以改变的因素，包括经济、政治、法律、社会文化、科学技术等方面。

1）文化背景

在不同的文化背景下，人们的思维方式、做事风格有别，因此客户投诉行为也存在差异。在集体主义文化中，人们的行为遵从社会规范，追求集体成员间的和谐，按照"我们"的方式思考；不喜欢在公众场合表露自己的情感，尤其是负面的；对事物的态度取决于是否使个人获得归属感，是否符合社会规范，能否保持社会和谐并给自己和他人保全面子。因此，他们更倾向于客户私下抱怨。而在个人主义文化中，人们追求独立和自足，用"我"的方式思考，喜欢通过表现自己的与众不同，表达自己的内心感受，来实现自我尊重。因此，他们更倾向于投诉。由此可见，文化背景对投诉行为的影响是通过影响客户的观念比如对投诉的态度进行的。

2）其他环境因素

除了文化背景和行业特征之外，一个国家或地区的生活水平和市场体系的有效性、政府管制、消费者援助等都会影响客户的投诉行为。

（二）客户投诉的方式

投诉可以根据客户的反映渠道分为一般投诉、重大投诉或公共危机和恶意投诉三类。

1. 一般投诉

（1）面对面地表示不满。这类客户会直接将不满发泄给接待他们的人，如服务接待、结算员等。

（2）到公司领导处投诉。针对服务过程中出现的问题，有些客户直接向公司高层领导投诉，以期尽快解决。

（3）向汽车俱乐部或车友俱乐部反映，通过组织进行协调解决。

（4）投诉厂家。由于当前信息渠道越来越丰富，针对经销商服务不到位的问题，有些客户会通过有关渠道直接向汽车厂家投诉，以达到解决问题的目的。

2. 重大投诉或公关危机

如果客户的一般投诉不能得到有效的处理和解决，有些客户就会通过其他渠道进行投诉。

（1）向行业主管部门投诉。客户对严重存在的质量问题会向行业主管部门投诉，以期得到公正合理的解决。

（2）向消费者协会投诉。有些客户为了得到支持会向消费者协会投诉来获得解决。

（3）向电视、广播、报纸等新闻媒体表示不满。

（4）在互联网上发布消息。有些客户希望通过互联网引起更多的社会人士关注，从而给厂家或公司施加压力。

（5）通过法律渠道解决其投诉问题。

3. 恶意投诉

（1）客户提出过当索赔要求。这是指客户对企业服务失误不符合公平性原则，提出过分要求，并有意扩大事端以获取额外补偿的投诉事件。

（2）非服务过失，属客户无理取闹。企业没有服务失误，而客户希望获得额外补偿而提出的投诉。

（3）第三方恶意利用。由于企业没有对投诉事件及时妥善处理，而被第三方恶意利用的投诉事件。

（三）客户投诉对企业的正面影响

1. 阻止客户流失

现代市场竞争的实质就是一场争夺客户资源的竞争，但由于种种原因，企业提供的产品或服务会不可避免地低于顾客期望，造成客户不满意，客户投诉是不可避免的。向企业投诉的客户一方面要寻求公平的解决方案；另一方面说明他们并没有对企业绝望，希望再给企业一次机会。美国运通公司的一位前执行总裁认为："一位不满意的顾客是一次机遇。"

相关研究进一步发现，50%~70%的投诉客户，如果投诉得到解决，他们还会再次与公司做生意，如果投诉得到快速解决，这一比例上升到92%。因此，客户投诉为企业提供了恢复客户满意的最直接的补救机会，鼓励不满客户投诉并妥善处理，能够阻止客户流失。

2. 减少负面影响

不满意的客户不但会终止购买企业的产品或服务，而转向企业的竞争对手，还会向他人诉说自己的不满，给企业带来非常不利的口碑传播。据研究发现一个不满意的客户会把他们的经历告诉其他至少 9 个客户，其中 13% 的不满客户会告诉另外的 20 多个人。研究还表明，公开的攻击会比不公开的攻击获得更多的满足。一个客户在互联网宣泄自己的不满时写道："只需要 5 min，我就向数以千计的顾客讲述了自己的遭遇，这就是对厂家最好的报复……。"

但是，如果企业能够鼓励客户在产生不满时向企业投诉，为客户提供直接宣泄的机会，使客户不满和宣泄处于企业控制之下，就能减少客户找替代性满足和向他人诉说的机会。许多投诉案例表明，客户投诉如果能够得到迅速、圆满的解决，客户的满意度就会大幅度提高，客户大都会比失误发生之前具有更高的忠诚度。不仅如此，这些满意而归的投诉者，有的会成为企业义务宣传者，即通过这些客户良好的口碑鼓动其他客户也购买企业产品。

3. 免费的市场信息

投诉是联系客户和企业的一条纽带，它能为企业提供许多有益的信息。丹麦的一家咨询公司的主席 Claus.Moller 说："我们相信客户的抱怨是珍贵的礼物。我们认为客户不厌其烦地提出抱怨、投诉，是把我们在服务或产品上的疏忽之处告诉我们。如果我们把这些意见和建议汇总成一套行动纲领，就能更好地满足客户的需求。"研究表明，大量工业品的新产品构思来源于用户需要，客户投诉一方面有利于纠正企业营销过程中的问题与失误，另一方面还可能反映企业产品和服务所不能满足的客户需要，仔细研究这些需要，可以帮助企业开拓新市场。

从这个意义上，客户投诉实际上是常常被企业忽视的一个非常有价值且免费的市场研究信息来源，客户的投诉往往比客户的赞美对企业的帮助更大，因为投诉表明企业还能够比现在做得更好。

4. 预警危机

一些研究表明，客户在每 4 次购买中会有 1 次不满意，而只有 5% 以下不满意的客户会投诉。所以如若将公司不满的客户比喻为一座冰山的话，投诉的客户则仅是冰山一角，不满客户这个冰山的体积和形状隐藏在表面上看起来平静的海面之下，只有当公司这艘大船撞上冰山后才会显露出来，如果在碰撞之后企业才想到补救，往往为时已晚。所以，企业要珍惜客户的投诉，正是这些线索为企业发现自身问题提供了可能。

例如，从收到的投诉中发现产品的严重质量问题，而收回产品的行为表面看来损害了企业的短期效益，但是避免了产品可能给客户带来的重大伤害以及随之而来的严重的企业——客户纠纷。事实上，很多企业正是从投诉中提前发现严重的问题，然后进行改善，从而避免了更大的危机。

(四)客户投诉处理正确观念

1. 正确认识投诉

(1) 投诉是基于客户对被投诉单位仍然抱有希望与依赖的感情,尽管这感情的浓度不一,但是值得每一个经营者珍惜。

(2) 如果我们诚心诚意地解决问题,抱怨的客户就很可能成为一个忠诚的客户,这是经营者留住客户的一种机遇。人都是有感情的,如果你真诚地为客户着想,即使问题解决得不很好,也会让客户感动。

(3) 部分投诉的客户起因于对被投诉方内情的不了解,觉得受到不公正待遇,因而有抱怨、要投诉。我们应予充分的理解和同情。因我们的服务而引起客户的误会而不愉快,说明我们的工作有待改善。我们应该通过耐心而有效的解释消除误解,这是最有效的补救措施。

(4) 客户投诉时生气激动,我们应予理解。当有不礼貌或令人难堪的情景发生时,我们应予宽容。要记住,这种令人难堪的情景发生在我们的服务过程中,就说明我们的工作还需改进。

(5) 礼貌、耐心地倾听客户的投诉,是处理投诉的有效技巧。如用专门的小房间听取买家投诉、避免干扰,效果更好。

(6) 诚恳的态度,是平息客户消极心理的有效方法,也是我们处理投诉应取的基本态度。

2. 正确的观念

(1) 只有自己的错,没有客户的错。

(2) 即使是客户一时误会,也是我们解释得不够充分。

(五)客户投诉处理的方法

(1) 热情接待,虚心听取客户的陈述。

(2) 无论对与错,主动表示歉意。客户抱怨不能完全证明他一定是对的,但作为接受抱怨方要主动表示歉意是十分必要的。如果客户抱怨是对的,表示道歉这是应该的,即使客户抱怨是错的,你的一份歉意就能体现企业有着博大的胸怀,通过这一点会使客户感受到"服务无边"的真正内涵所在。

(3) 耐心解释,及时解决。当客户抱怨的问题与事实不符时,一定要做好耐心细致的解释工作,让客户从内心感觉到自己的过失而心服口服,这样就不会失去这个客户的业务。反之,如果客户抱怨的是对的,那就必须在第一时间给予快速解决,在最短时间内化解客户的不满情绪,要真正使客户感到他对抱怨价值的实现,使其满意,这样的客户将来必定是你的"回头客"。

（4）要有勇气，敢于承担错误和责任。好多抱怨事件得不到有效、及时解决，究其原因就是没有勇气承担错误和责任，这是症结所在。只要客户抱怨，无论客户采用何种方式，无论抱怨的内容是否合理，无论抱怨的是维修质量还是服务态度，都应该接受和承担、妥善处理，这不是单一的服务问题，同时涉及法律和道德，是每个企业必须遵循的原则，也是避免矛盾激化的有效方式。

（5）事后回访，增进沟通和了解。处理完客户事宜后，最好在一周内给予回访，可以用电话、上门等形式，了解客户对处理结果的满感度，这样做可以了解客户对处理结果的认可程度。实际上这也是感情投资，增进感情投资是十分重要的，会为客户增强对企业的信心和信任感，稳固客户。

（六）客户投诉处理注意事项

1. 不要推诿

当客户抱怨时，千万不要推诿。假如一个抱怨客户找到了服务顾问，而服务顾问找到总经理，总经理又推到前台或让其找部门经理，这样一来会使客户不满情绪快速上升，为解决实质性问题留下后患。

2. 不能对待抱怨客户不冷不热

客户找到你抱怨，从某种程度上来讲是对你的信任，如果你对客户不冷不热，马上会使抱怨客户对你失去信心，认为你没有诚意，从而产生怀疑和反感，将不利于问题的解决。

3. 不要轻易打断客户的陈述

抱怨客户向被抱怨者陈述，使不满情绪得到发泄，中途突然被打断是十分不利的，也是对抱怨人的不礼貌。

4. 不要强调主观理由

首先我们要了解抱怨客户的心态，一般情况下抱怨者都认为自己是对的，通过抱怨达到自己期待的目的，如果你一味强调自己的主观理由，极容易挫伤客户的自尊心，致使不良情绪升级，激化矛盾。

5. 不要错失最佳处理时机

一旦发生客户抱怨，等、拖是最容易使小病成大患、矛盾扩大化的。一起很小的抱怨事件往往由于处理不及时，导致抱怨方向转移，影响面扩大，如向报社、电视台、消协等部门抱怨，使原本极容易处理的事变得被动和棘手。

6. 不要贪小便宜

这种现象往往发生在抱怨客户的返修上，当返修的价值超过原报修收费价时，企业往往会收取返修超价部分的费用。客户抱怨本来就对你的维修质量不满，若你另收差价，这无疑会加大客户的怨气，重新点燃客户的不满情绪，会因小失大。

7. 不要回避抱怨

企业采取避而不见的办法是极为不利的，这不仅无助于问题的解决，而且会把客户引向其他机构抱怨，一旦第三方介入，问题处理起来会更加困难。

二、客户投诉处理与流程

（一）客户的投诉种类与渠道

1. 客户的投诉种类如表 6-1 所示。

表 6-1　客户的投诉种类

种类	具体内容
服务类	服务质量：服务网点在服务客户时，未能达到客户的期望值，如服务态度不良。 售后索赔：由于索赔条件未明确沟通等
产品质量	由于设计、制造或装配所产生的质量缺陷
维修技术	由于网点维修技术欠佳，而导致一次未能修好
配件类	配件供应：在维修过程中，未能及时供应车辆所需配件。 配件价格：由于价格过高导致客户不满。 配件质量：由于配件或附加配件的外观、质量或耐久性等问题
新车销售	销售时遗留的问题，如对产品解释不清

2. 客户投诉的渠道如表 6-2 所示。

表 6-2　客户投诉的渠道

一般投诉	重大投诉
以信件投诉 以电话投诉 来站直接投诉或在接受服务时表示不满 通过电子布告栏系统，对社会人士表示不满	由于对服务站的处理不满意而投诉厂家，对服务站、厂家处理不满而向消费者协会请求协助 传媒：对报纸、媒体等表示不满

（二）汽车 4S 店客户投诉处理流程

1. 客户投诉处理流程

（1）任何人在接到客户意见后，都要第一时间向客户道歉并记录投诉内容，比如时间、地点、人员、事情经过、其结果如何等，了解投诉事件的基本信息，并初步判断客户的投诉性质，在 1 h 内上报客户经理或客户服务中心，由客户经理或客户服务中心立即填写客户信息反馈处理单。

（2）客户服务中心立即给该客户信息反馈处理单进行编号并简单记录基本信息：车牌号、填单人姓名、内容概要。

对于明显能确定责任的质量问题、服务态度、文明生产、工期延误的投诉，处理流程如下：客户经理在 24 h 内协同被反馈部门完成责任认定，对责任人完成处理意见后，完成与客户的沟通（如有必要），并将客户信息反馈处理单转给管理部。24 h 内没有联系上的客户，客户经理应在 48 h 完成上述工作。

（3）管理部在接到客户信息反馈处理单后，在 4 h 内根据公司文件对处理意见进行复核，对认可的处理出具过失处理意见；对有异议的，召集客户经理和相关部门进行协商并签署协商意见。在 4 h 内将处理结果上报主管总经理，同时将主管总经理的处理意见反馈给客户经理和相关部门执行。

（4）管理部在 8 h 内根据最终处理意见实施责任追究，进行过失沟通，完成最终的客户信息反馈处理单并于当日转客户服务中心。

对于当时无法确定责任的质量问题、配件延时、客户不在场、客户没有时间的投诉，处理流程如下：

①客户经理通知客户在客户方便时直接找客户经理解决，报主管总经理认可后，按未了事宜进行处理。

②如客户属于重大投诉，客户经理应请示主管总经理后上门拜访客户。

③未了事宜由客户经理和客户服务中心分别在各自的未了事宜台账上进行记录，并在维修接待电脑系统中明确标注。

④客户经理每月 4 日完成上个月未了事宜的客户沟通，提醒及时回厂处理，并及时掌握未了事宜的变化情况。

回访流程：客户服务中心对处理完毕的客户信息反馈处理单，有客户经理明确标明需要回访的客户，在 24 h 内进行回访；对正在处理中的客户信息反馈处理单暂停回访，直至处理完毕后再进行回访。

2. 客户投诉处理流程监督考核流程

（1）客户服务中心对收到的客户信息反馈处理单进行及时性和处理尺度的考核，发现问题的客户信息反馈处理单返回管理部，由管理部与相关责任人进行过失认定后将客户信息反馈处理单交客户服务中心存档。

（2）客户服务中心每周二和每月 2 日将客户信息反馈处理单汇总报主管总经理和管理部。

（3）每月 4 日管理部将客户信息反馈处理单汇总中的奖罚情况报主管总经理和财务部。

（4）除责任人外，每个环节涉及的部门都应安排主要责任人和次要责任人，不得由于人员休息延误客户信息反馈处理单的处理时效性。

（5）当事人不得直接参与客户投诉处理。

3. 客户投诉处理技巧

企业服务人员面对客户投诉应把握好一些处理技巧：

（1）安抚和道歉。不管客户的心情如何不好，不管客户在投诉时的态度如何，也不管是谁的过错，你要做的第一件事就是平息客户的情绪，缓解他们的不快，并向客户表示歉意，你还得告诉他们，公司将完全负责处理客户的投诉。

（2）快速反应。用自己的话把客户的抱怨复述一遍，确信你已经理解了客户抱怨之所在，而且对此已与客户达成一致。如果可能，请告诉客户你愿想尽一切办法来解决他们提出的问题。

（3）移情。当与客户的交流达到一定境界时，你会自然而然理解他们提出的问题，并且会欣赏他们的处事方式。你应当强调，他们的问题引起了你的注意，并给了你改正这一问题的机会，对此你感到很高兴。

（4）补偿。对投诉客户进行必要的且合适的补偿，包括心理补偿和物质补偿。心理补偿是指服务人员承认确实存在着问题，也确实造成了伤害，并道歉。物质补偿是指一种"让我们现在就作些实际的事情解决这个问题"的承诺，如经济赔偿，调换产品或对产品进行修理等，尽已所能满足客户。在解决了客户的抱怨后，你还可以送给客户其他一些东西，例如优惠券、免费礼物，或同意他或她廉价购买其他物品。

（5）跟踪。客户离开前，看客户是否已经满足，然后，在解决了投诉一周内，打电话或写封信给他们，了解他们是否依然满意。可以在信中夹入优惠券。一定要与客户保持联系，将投诉转化为销售业绩，客户投诉得到了令人满意的解决之时，就是销售的最佳时机。

当面投诉

4. 案例分享

案例一：2013年李先生在江苏某汽车品牌4S店购买了一辆汽车，由于工作原因汽车经常跑外地，2015年在江苏时出现故障，在江苏同品牌4S店维修时，服务顾问将拆卸下来的配件拿到李先生面前，说这不是原厂配件。李先生去年在江苏更换过该件，当时江苏4S店的服务顾问声称更换的是原厂配件。所以，李先生打电话投诉了江苏的这家4S店。

思考：4S店接到这一投诉，该如何处理？

（1）确认该件为李先生汽车上拆卸下来的。

（2）对比维修底单，确认该件是否是我方配件。

（3）若确定该件是我方配件且不是原厂件，按照规定对客户进行赔偿；若确定该件是我方配件且是原厂件，可向客户出具原厂件证明；若确定该件不是我方配件，做好客户沟通处理该投诉。

极端客户投诉

案例二：王女士购买了一辆新车，开了没多久发现天窗漏水。进店后，维修人员判定是天窗的密封胶条的问题,所以就更换了密封胶条。王女士将车开回去后,又发现漏水。再一次将车开到4S店维修,依然没有修好。王女士非常不满意,就将这一问题进行了投诉。

思考:4S店接到这一投诉该如何处理?

任务三　售后市场活动

企业策划售后市场活动的目的是降低潜在的客户流失,提升回厂率,增加客户的黏滞度;提升品牌知名度和美誉度,提升客户满意度。

一、汽车后市场现状

汽车后市场是一个非常庞大的领域,其中包括汽车维修、保养、美容、车险、配件销售、改装、二手车金融市场等领域。2013年,我国汽车保有量达到1.37亿辆,预计未来几年将以7%的速度增长,到2020年我国二手车交易、汽车维修、二手车金融市场分别达到8 700亿辆、5 300亿辆和1 400亿辆的市场规模,国内汽车后服务市场发展空间巨大。数据显示,在欧美国家,汽车后服务市场的利润占整个汽车产业链的60%左右,而在中国占有率为20%。国内汽车后服务市场蛋糕巨大。我国汽车售后服务的经营模式主要有4S店、快修连锁店、综合性修理厂、特约维修厂、汽配城和路边店。4S店和特约修理厂,作为传统售后服务模式,在配件管理方面最为规范,而且在服务环境和维修质量上都有明显优势,但是价格偏高。快修连锁模式作为新兴的售后服务模式,近年来得到高速发展,其业务集中在快修、保养和通用件的更换上,主要满足消费者对便利性和专业性的要求。总体上有53.3%的用户在过了保修期后会选择在快修连锁店进行售后维修和保养,继续留在4S店的比例只有33.9%。由此看来,快修连锁等新的售后服务模式未来将有很大的发展空间,是现有4S模式的强有力的竞争者和补充。目前,车主通常会为新车购买贴膜、地胶、脚垫、后备厢垫、坐垫等常规用品,一般费用都在5 000元左右。数据显示,汽车产值每增加1元,会对上游原材料、设备制造等产业带动0.65元的增值,对下游产业包括交通、销售、保险、维修,会带动2.63元增值。相关资料表明,目前国内正式注册的汽车美容装饰维修厂家有30多万家,行业总规模逾5 000亿元。业内人士透露,在国际上重要的汽车生产企业中,售后服务利润是整车销售利润的3倍。因此,汽车后市场是这些公司的重要利润增长点。目前在中国,首次购车比例高达80%,而在国外不足20%。一旦中国的首次购车比例下降到50%,"汽车后市场"的容量将会更大。最新统计数据显示,2013年中国汽车售后服务市场规模已超过4 500亿元,2015年整个售后服务市场规模超过7 660亿元。

二、汽车市场活动策划理念及原则

理念：①客户满意＝产品＋服务＋社会效益；②为客户创造生活上的喜悦；③创造许多的"真实一刻"，即"感动的瞬间"；④提供超越心理期望的体验；⑤学会创造"真实一刻"来赢得客户的好感；⑥如果你只是跟着别人的步伐，那么你就不要期望能够超越它。

原则：汽车市场活动的策划通常都要考虑到一系列相连接的环节和阶段，一般一个活动总是分为基本的几个阶段：引线—关注—传播—落实—回声，这些阶段串联成了一个整体，实质上任何活动都是一种互动。

通常我们需要了解的策划原则如下：

时机原则：任何市场策划都是有时机的，也就是"过时不候"型的，通常掌握的时机是传统节日或新兴的节日、重大社会事件机会、企业内部重大事件、产品重大事件机会等，可以参考太平洋汽车网上的"POLO俯卧撑"。

地域原则：经销商的任何活动都是有一定区域的指向性的，不可能对着全国人民，只可能是针对本区域的人群，所以在所在范围之内的人群喜欢干什么事，喜欢什么样的话，喜欢什么样的行为方式，性格如何，都可能是市场活动中要考虑到的。

目标原则：所有的市场活动都指向一定的人群，每一类人群有不同的特性，比如领域所面对的用户群体与POLO面对的用户群体都大不相同，许多在POLO上搞得很不错的活动用到领域上也许就不合适了，因此要为我们的目标群设置合适的活动内容。另外，有些车型面对的人群是与竞争对手相互交融的，所以往往在一段时间内，凡是竞争对手用过的活动我们都尽可能不用了，这一点也是为了让我们的目标群体更容易分辨出我们的"活动个性"，即便是内容上差不多的活动，我们也要尽可能从完全不同的角度提出完全不同的口号或视觉形象。

单纯原则：在活动内容上遵守内容简洁易操作，活动过程控制性要好的原则，简单地说，就是"信息要单一，内容要可控，过程要轻松"，要把客户当成天下最懒的人，事实上在活动的进行中，用户是可以直观地了解到你所能提供的服务，并想象着你未来能提供的服务的，所以在市场活动中的服务水准就是你能否争取到客户的重要因素。此外，尽可能单纯的信息也可以排除那些与车、与服务无关的杂信息，使客户更专心于活动本身。

大声原则：最大化传播效果的原则，现在的手段比过去多样化了，除了传统媒体的记者战略外，要注意到流行的一些手段，比如说在活动中用手机拍摄一段视频，编出一个有趣的故事，然后上传到博客和视频网站上，通过某些手段炒一下等。大声地说话，大声地传播，甚至大声地吵架，也可能起到效果。声音太多了，不得不大声，或者，想出更奇特的发声方式。

案例分享

奥迪邀你领取春天的最后一波福利。

夏初立，春未远。初夏时节，空气中还留着春天的余韵，在期待海边、空调、冰西瓜之前，奥迪春季服务活动邀请您来领取春天的最后一波福利，为迎接夏季的到来做好准备。

夏季的高温、多雨，给我们的爱车与驾驶带来了不少麻烦，因此，爱车"防暑降温"的工作，一定要提前做好。针对夏季高温、多雨的天气状况，对车辆轮胎、性能做到有针对性的检查、更换，才可以无忧度夏，畅享清新。

4月22日—5月14日，到店参与奥迪服务春季活动，领取多重优惠好礼，让明媚春光照进初夏时节。

活动一：

到店购买奥迪原厂国产轮胎，即有机会获赠奥迪品牌双肩包背包。

奥迪原厂轮胎都是专门针对奥迪汽车设计和开发的，经历50多项严格测试确保轮胎各项性能都和车辆有最优的匹配。

在乘坐舒适性方面采用了一系列降低轮胎噪声的技术，使行驶过程更加平稳、安静；通过对滚动阻力的严格控制，低滚动阻力确保车辆在行驶过程中油耗更低，达到节能减排的效果。

活动二：

到店即可享受专属免费检测。

活动三：

提前预约保养、检测，到店后还可获赠精美礼品一份。

另外，参与正式活动的同时，还可以参与奥迪春季服务活动线上互动，按规则完成闯关的用户，即可参加抽奖，参与春季服务活动后，将有机会获得奥迪服务为您准备的精美奖品。

关爱母亲，一汽大众是认真的。

一汽大众将女性用户放在心中，现推出2017母亲节关爱活动，为广大的女性用户奉上一份专属礼物，愿快乐幸福常伴您左右。凡2017年5月11日—5月14日进店消费的女性用户即可免费尊享专属礼品。

礼品：

静享健康舒适（腰枕、颈枕组合）；尽享闲情雅致（CC情侣泰迪熊）。

任务工单

工单 6-1　客户跟踪回访—异议处理

考核项目	客户关系管理—异议处理				
姓名		学号		班级	
任务要求	● 掌握正确的接听礼仪 ● 正确理解客户的投诉和需求 ● 合理解决客户的要求 ● 及时登记并向上级反馈				
情景描述	客户：张先生　　　　　联系方式：13123456789 经销商：前进汽车销售服务有限责任公司 接待时间：12月23日上午10:00 接待原因：客户张先生于12月20日在本店进行了汽车维修保养工作，并更换了刹车片，现客户反映当汽车制动时，发出吱吱的响声				
任务计划	人员分工	顾问：		客户：	
任务实施					
自我总结与反思					
自我评价					

过程性考核评价表如表 6-3 所示。

表 6-3　过程性考核评价表

考核内容		客户投诉处理		
考核情况				
序号	考核项目		表现记录	得分
	客户投诉处理步骤			
1	热情接待，虚心听取客户的陈述			
2	确认客户提出的问题和抱怨，无论对与错，主动表示歉意			
3	确认问题，找出原因，耐心解释，及时解决			
4	要有勇气，敢于承担错误和责任			
5	采取行动和能接受的方式解决问题			
6	事后回访，增进沟通和了解			
总体评价				

参考文献

［1］丁卓. 汽车售后服务管理［M］. 北京：机械工业出版社，2005.
［2］段钟礼，张擂挑. 汽车服务接待实用教程［M］. 北京：机械工业出版社，2013.
［3］谭本忠，于立辉. 汽车维修前台接待［M］. 北京：北京理工大学出版社，2011.
［4］吴敬静. 汽车售后服务与管理［M］. 北京：机械工业出版社，2015.
［5］宓亚光. 汽车售后服务与管理［M］. 北京：机械工业出版社，2017.